Gelongma Lama Palmo
Shangrila meines Herzens

 rütten & loening

Gelongma Lama Palmo

# Shangrila
## meines
# Herzens

### Mein Weg zur
### buddhistischen Priesterin

RL rütten & loening

Mit 22 Fotos © Palpung Europe

MIX
Papier aus verantwor-
tungsvollen Quellen
FSC® C083411

ISBN 978-3-352-00835-1

Rütten & Loening ist eine Marke der Aufbau Verlag GmbH & Co. KG

1. Auflage 2012
© Aufbau Verlag GmbH & Co. KG, Berlin 2012
© Gelongma Lama Palmo
Einbandgestaltung bürosüd, München
Gesetzt aus der Minion Pro und der Ⓦedlocƙ durch
Greiner & Reichel, Köln
Druck und Bindung CPI – Clausen & Bosse, Leck
Printed in Germany
www.aufbau-verlag.de

# Inhalt

# Vorwort

Immer wieder haben mich Menschen gedrängt, dieses Buch zu schreiben, da sie glauben, meine Lebensgeschichte könne für andere von Wert sein. Und obwohl ich der Überzeugung bin, dass es weit bedeutendere Personen gibt, die viel geeigneter wären, ihre Geschichte niederzuschreiben, gab ich diesem Drängen nach einigem Zögern schließlich nach.

Denn das, wovon ich berichte, ist im eigentlichen Sinne nicht »meine« Geschichte: Einerseits ist sie das Kernstück einer jahrtausendealten Tradition, andererseits sind es trotzdem meine persönlichen Erfahrungen, die sie wie eine Verpackung umhüllen und die ich wie die Brücke zu dieser lebendigen, gelebten Weisheit unserer Linie verstanden sehen möchte, die tatsächlich kultur- und zeitunabhängig ist. Ohne meine spirituellen Meister und Lehrer wäre ich heute nicht die, die ich bin. Sie lehrten mich, Konditionierungen zu durchbrechen und in die Tiefe meines Herzens vorzudringen. Das bedeutet kurzum, dass all das, wovon ich schreibe, nicht meine eigenen Weisheiten oder Entdeckungen sind, es ist der Segen meiner Linie, die Führung meines Lehrers. Sein vollkommen makelloser, erhabener Geist macht dieses Buch aus, nicht mein geringfügiges Wissen und Verstehen.

So bitte ich all jene Leser, deren Interesse über meine Biographie hinausgeht, sich Lehrern lebendiger Traditionen und Religionen anzuvertrauen, um Weisheit in der

Wiege ihrer Herzen erwachsen und sich zu offenbaren lassen: Liebe, die sich in und aus sich selbst uns und allen anderen eröffnet.

Möge Nutzen für alle Wesen daraus entstehen.

*Gelongma Lama Palmo*

# Testlauf

Segne uns zu jugendhafter Schönheit
Erwecke uns zur Realität
Durchbohre die Blase unserer Illusion
Zu ihrer vollständigen Reife:
Erwachsene, vollständig erblühte Gnade.

Ich werde oft gefragt, warum ich mein ganzes Leben so radikal von heute auf morgen veränderte. Dann entgegne ich stets, dass es die Summe vieler kleiner Schritte war oder einfach, dass mein ganzes Leben auf diesen Moment gewartet hatte und alles davor eine Vorbereitung darauf und dafür war. Vor kurzem sah ich auf YouTube Clips mit Interviews mit Yusuf Islam (früher Cat Stevens) und fühle mich mit seinem Weg der Transformation verbunden. Außerdem sage ich den Fragenden, dass ich in meinem Tun keine besondere Radikalität erkennen kann. Es ist, zugegeben, nicht alltäglich, aber nicht radikal.

Irgendwie war ich immer anders. Ich mag Mainstream nicht, nicht aus dem Prinzip des aufbegehrenden Stürmens und Drängens, sondern aus dem Wissen, dass Mitläufertum keine Freiheit im Geist schafft. Einer meiner Religionslehrer sagte mir lange nach meiner Schulzeit, als ich ihn nach seiner Weihe zum Priester einmal besuchte, dass er immer das Gefühl gehabt habe, ich sei der Rädelsführer der Klasse gewesen. Dabei hatte ich mich selbst immer als Außenseiter der Schulgemeinschaft gesehen und war auch als solcher behandelt worden. Vielleicht war ich besonders bestimmt oder zielorientiert? Oder einfach nur stur? Nun, ich bin stur, aber nicht uneinsichtig. Projekte und Ziele, die mir wichtig erscheinen und die ich mir vornehme, versuche ich in der für alle Beteiligten bestmöglichen Weise zu Ende zu bringen.

Mitunter denke ich auch, dass mein Leben vor meiner Hinwendung zum Buddhadharma, dem Pfad Buddhas, eine Generalprobe gewesen ist. Erst mit dem Moment, in dem in mir der Vorsatz geboren wurde, mein gesamtes weltliches Leben aufzulösen und monastische, also klösterliche Gelübde zu erbitten, hatte ich meine neue, wahrhaftige Heimat gefunden: jene jenseits äußerer Zwänge und Einengungen und all dessen, was uns von Geburt an konditioniert. Alles davor ist wie ein Film, wie einer dieser Super-8-Filme meiner Kindheit, die aufgrund von langer Lagerung und Nichtbenutzung Einschlüsse und Risse haben. Oder wie der Testlauf in der Formel 1, der Auftakt, der dem Warmwerden gilt und das große, stürmende Hauptereignis vorbereitet.

Ich wuchs inmitten von Wien, in Heiligenstadt, einem Teil des 19. Wiener Gemeindebezirkes, auf. Meine Eltern hatten vor meiner Geburt eine Wohnung in einem neu gebauten Haus, das nur wenig älter ist als ich, bezogen. Dort verbrachte ich meine gesamte Kindheit und Jugend. Man sagt von Heiligenstadt, dass es zur Heidenzeit ein heiliger Ort und schon vor 5000 Jahren besiedelt gewesen sei. Von Wien im Allgemeinen heißt es, sie sei eine der, wenn nicht sogar *die* lebenswerteste Metropole weltweit, sofern man gern in Städten wohnt. Ich hingegen mag das beschauliche Leben auf dem Land lieber, und noch mehr sehnt mein Herz sich nach völliger Abgeschiedenheit. Das hatte mich von Anfang an erfüllt, meine Großmutter war immer erstaunt gewesen ob meiner Vorliebe für entlegene Gegenden, sie, die sich ein Leben »ohne Kultur«, wie sie es nannte, weder vorstellen und noch viel weniger verstehen konnte.

Mein Vater hatte uns, als ich knapp vier Jahre alt war, endlich verlassen. Mein Bruder war damals gerade zwei Jahre alt und meine Mutter viel zu jung, um mit der schwierigen Situation umgehen zu können. So verbrachten wir Kinder viel Zeit bei unseren Großeltern. Sie sorgten für uns, wenn wir krank waren, fuhren mit uns in die Ferien und waren ein wichtiger Bestandteil unseres Heranwachsens.

Als ich eingeschult werden sollte, suchte meine Mutter eine Schule aus, die vis-à-vis ihrer Arbeitsstätte, einer Bank, lag. Es hatte also keine religiösen Gründe, dass ich auf eine konfessionelle Privatschule ging, meine Mutter hatte diese Entscheidung aus rein praktischen Erwägungen getroffen. Zum Aufnahmegespräch empfingen uns die Direktorin und zwei weitere Schwestern auf dem Schulhof, einem innenliegenden, betonierten Platz, auf dem einige wenige alte Bäume standen. Um sie herum hatte man Bänke gebaut, die in den Pausen als Sitzmöglichkeit dienten. Die Schwestern »begutachteten« mich, um festzustellen, ob ich aufgenommen werden solle oder nicht. Ich war damals ein sehr schüchternes Kind, die Scheidung meiner Eltern lag nur wenige Jahre zurück, und so mussten mich die drei Klosterfrauen aus der Reserve locken, um mich ein bisschen kennenzulernen.

Im September 1978, kurz vor meinem achten Geburtstag, kam ich auf diese katholische Mädchenschule. Es gab strikte Regeln und eine Schuluniform, die wir jedoch nur an besonderen Tagen anzogen. Das Mittagessen nahmen wir gemeinsam in einem Gebäudetrakt ein, der als Verbindungsglied zwischen der Volksschule und dem ebenfalls vorhandenen Gymnasium diente. Er führte auch in die Schulküche, nicht weit davon sah man die Klosterschwestern in ihre Privatbereiche verschwinden, was uns Schulkinder immer wieder darüber sinnieren ließ, wie es hinter diesen Türen wohl aussähe.

Das Mittagszeremoniell folgte einem streng geregelten Ablauf. Jede von uns besaß eine kleine, mit unserem Namen beschriftete Tasche, die ein Besteckset, in das unsere Initialen graviert waren, sowie eine weiße Stoffserviette enthalten musste. Meine war grasgrün. Diese Taschen wurden vor den Mahlzeiten von einer der Schwestern entlang der zwei langen parallel stehenden Tafeln abgelegt. Am Kopfende war mit einigem Abstand ein Quertisch platziert, auf welchem riesige Kochtöpfe angeordnet waren, aus denen wir die verschiedenen Gänge erhalten würden. Dahinter saß eine dicke, ältere, zumeist sehr streng dreinblickende Nonne, die für die Ausgabe des Essens zuständig war.

Wenn also die Zeit zum Mittagessen gekommen war,

strömten die Mädchen aus dem ganzen Häuserkomplex in den großen Saal und schauten, ob ihre Bestecktasche aufgelegt worden war und sie einen Essplatz erhalten hatten. Die überzähligen Taschen waren auf einem Extratisch in Reih und Glied platziert, ihre Besitzerinnen waren also in der Warteschlange – sobald ein Sitz frei würde, würden sie nachrücken können. Nach dem Tischgebet stellten sich diejenigen Mädchen, die in dieser Weise bereits einen Sessel ergattert hatten, an, um ihre Mahlzeit zu bekommen. Für jede Speisenfolge wiederholte sich das Prozedere. Zuerst gab es Suppe. Keine von uns mochte das, aber alle mussten diesen Gang einnehmen. Dann fädelten wir uns zum Hauptgericht wiederum in eine mehr oder weniger lange Schlange ein, und zu guter Letzt gab es ein Dessert, das wiederum durch Anstellen erworben werden musste. An den Tischen selbst herrschte absolutes Redeverbot, und jedes Tischende hatte eine Aufpasserin, eine Mitschülerin, deren einzige Aufgabe es war, die anderen bei der Aufsicht führenden Nonne anzuschwärzen, wenn sie irgendeine der Regeln nicht beherzigten. Wenn sich ein Mädchen etwas zuschulden kommen ließ, konnte sie sicher sein, am nächsten Tag ihre Bestecktasche nicht an einem Platz, sondern am Extratisch, also in der Warteschlange, wiederzufinden.

Unsere Schuluniform bestand aus einem blauen Faltenrock und einer weißen Bluse. Ich erinnere mich noch gut an die Aufregung, als meine Mutter, um mir etwas besonders Gutes zu tun, von der Vorschrift der schlichten weißen Bluse abwich und mir eine, deren Brustbereich reich bestickt war und im Rücken geknöpft wurde, kaufte. Die Schwestern nahmen mich beim ersten Anlass, als ich diese Bluse trug, beiseite und wiesen mich zurecht, meine Bluse gefälligst gegen eine, wie sie den Regeln entspräche, auszutauschen. Strenge Blicke straften mich ab, scharfe Worte taten ihren Teil dazu; sie machten kein Hehl daraus, dass sie von »Extrawürsten« nichts hielten. Mein »Vergehen« wurde sofort der Direktorin gemeldet, die dann nochmals auf mich einredete und meine Mutter im nächsten Moment anrief und davon in Kenntnis setzte, dass sie diesem Missstand sofort ein Ende bereiten müsse. Wir hätten uns, wie alle anderen auch, den Regeln zu unterwerfen. Ich fühlte mich ausgeschlossen, ausgestoßen und war verunsichert. Dieser Strenge und den festgefahrenen, oft grundlosen Strukturen begegnete ich während der vier Jahre, während derer ich die konfessionelle Volksschule besuchte, immer häufiger.

Die ersten beiden Jahre wurden wir von einer Nonne unterrichtet, einer großen, drahtigen Frau, die sehr patent und praktisch veranlagt war und zu meinem ersten Vorbild wurde. Sie unterrichtete uns in allen Fächern selbst, und ich mochte ihre humorvolle, pragmatische, zugleich aber auch hingebungsvolle Art. Im Fach Religion attestierte sie mir einmal auf dem Zeugnis: »sie denkt richtig«.

Mit meinen Mitschülerinnen hatte ich nicht allzu viel Kontakt. Wir waren eigentlich ein bunt durchmischter Haufen, obwohl die Schule in einem sogenannten Nobelbezirk liegt und sehr viele »Töchter aus höherem Hause«

und Diplomatenkinder hier lernten. In unserer Klasse waren jedenfalls auch Mädchen aus ganz normalen Familien, deren Eltern ihren Kindern eine solide Grundausbildung mitgeben wollten.

Noch in der ersten Klasse freundete ich mich eng mit einem Mädchen an. Als sie ein Jahr später nach Australien auswanderte, ihre Eltern waren Diplomaten, brach für mich eine Welt zusammen, und ich hatte größte Mühe, den Verlust zu verkraften. Ich heulte Rotz und Wasser, als mir meine Mutter eines Abends die Neuigkeit schonend beizubringen versuchte. Drei Jahre später kam das Mädchen wieder zurück in unsere Klasse, doch an unsere alte, enge Bindung konnten wir nie mehr anknüpfen. Freundschaften waren und würden ein heikler Punkt in meinem Leben bleiben.

Als ich zehn Jahre alt war, heiratete meine Mutter erneut, und mein Stiefvater zog bei uns ein. Kurz zuvor hatten wir einen Hund aus dem Tierasyl gerettet, der, obwohl wir ihn liebten, uns fortan alle tyrannisierte. Asta, eine schwarze Mischlingshündin mit einem weißen Fleck auf der Brust und pfiffigem Gesicht, hatte eine schwere Vergangenheit hinter sich. Sie hatte schon sechs Vorbesitzer gehabt, war auf der Autobahn ausgesetzt, geschlagen worden und hatte auch sonst viel Schlimmes erlebt. Jeder ihrer Besitzer hatte sie wieder ins Tierheim zurückgebracht, weil sie einfach nicht zu bändigen war. Die Heimleiterin ließ uns wissen, dass wir ein besonders gutes Werk täten, wenn wir sie nähmen.

Erfüllt von der Aussicht, Gutes zu tun, konnten wir

gar nicht anders, als sie mitzunehmen. Doch die Vorankündigung der Leiterin erfüllte sich nur allzu bald. Asta lehrte fremde Besucher das Fürchten, verscheuchte ausnahmslos alle Briefträger, die sich fortan weigerten, uns die Post persönlich zuzustellen und nur noch Abholzettel hinterließen. Sie zerfetzte unzählige Hosen, schnappte unmotiviert nach allem und jedem. Und mit zunehmendem Alter wurde sie immer neurotischer und aggressiver und begann, auch uns davon nicht auszunehmen.

Als mein Stiefvater schließlich bei uns einzog, brachte er ebenfalls einen Hund, einen dunkel gestromten Boxerrüden, mit, und so lebten fortan auf siebzig Quadratmetern zwei Erwachsene, zwei Kinder und zwei große Hunde. Unsere Hündin focht mit dem Neuzugang Tag und Nacht um die Vormachtstellung, jeder der beiden trug Bisswunden als äußeres Zeichen der lautstarken Kämpfe davon. Doch schließlich raufte sich die Patchwork-Familie zusammen und begann, sich mit dem neuen Lebensabschnitt zu arrangieren.

Während mein äußeres Umfeld also eher beengt war, dürstete ich nach innerer Weite. Etwas in mir wusste einfach, dass mein Herz sich in Freiheit jenseits jeglicher Beengungen und Beschränkungen zu entfalten imstande war. Ich war nur nicht bewandert darin, wie ich sie in ihrer vollständigen Pracht erlangen, in sie eintauchen und zu ihr werden konnte. In mir war eine Art natürlicher Spiritualität oder Intuition, ich wusste instinktiv, wie ich in diese Weite eintauchen konnte. Der Weg in diese volle und umfassende Tiefe war zum Greifen nahe, aber trotzdem irgendwie immer noch im Nebel, so wie die Schichten kondensierenden Wassers auf saftig grünen Wiesen an frühen Sommermorgen sich im Laufe des Vormittages auflösen, um das lachende Antlitz der Sonne zu enthüllen und das Land mit ihren wärmenden Strahlen zu überfluten.

An einem Frühlingsnachmittag, der für mich zu einem der vielen Schlüsselmomente meines »Testlaufs« wurde, schob ich mein Fahrrad, das neben meinen Büchern mein zweitliebstes Ding war, in einer besonderen Mission einen steilen, schmalen Weg hoch. Auf einer kleinen Wiese, geschützt von blühenden Stauden, suchte ich Zuflucht in all dem, was mein Herz so unbefriedigt und einsam sein ließ.

Ich hatte mein Rad beiseitegelegt, kauerte auf dem frischen grünen, anregend duftenden Gras auf einer kleinen Wiese inmitten der Großstadt, erhob meine Seele und betete, mit den Mitteln der katholischen Liturgie, die mir damals ausschließlich bekannt waren. Obwohl ich in einer Klosterschule und sogar noch von einer Nonne unterrichtet wurde, ging mein Wissen nicht über ein paar wenige standardisierte Gebete hinaus, die im Falle des Falles für alles herhalten mussten. Mir fehlten die Methoden, mir mein Herz voll zu erschließen, und anscheinend niemand konnte sie mir vermitteln.

Ich spürte eine bittersüße Verzweiflung; tief in mir schlummerte die absolute Gewissheit, dass da noch etwas sein musste, dass es eine Glückseligkeit jenseits ihrer irdischen Spielarten gäbe, und eine Schlüsselperson, die mir die Pforte dazu eröffnen würde. Es war, wie einen Vulkan in sich zu entdecken, in ihn wie in tiefen Frieden einzutauchen, in eine Art von Liebe, jenseits von Begierden jeglicher Art. Sie zu perfektionieren, sie vollends zu erspüren, zu ihr zu werden war von frühester Kindheit mein einzig wirklich wahrhaftiges Streben. Es erfüllte meine Seele, trieb sie an, ihre Bestimmung zu enthüllen. Und ich wusste, dass ich dazu einen Lehrer brauchte, der mich dorthin führen würde.

Zu Klöstern fühlte ich mich von Kindheit an magisch hingezogen. Sie stärkten diese Sehnsucht, die in meiner Brust schwelte, mein Herz zum Erwachen zu bringen. In ihnen fühlte ich mich geborgen und irgendwie aufgehoben, die Strenge der Klosterschule, die mir im Alltag entgegenschlug, wusste dieses Unterfangen allerdings nicht einmal im Ansatz zu nähren.

Wenn Sie mich fragen, ob Klöster heute noch zeitgemäß sind, dann kann ich nur freudig antworten: Ja, jetzt umso mehr! Im Buddhismus sind Klöster der schützende Rahmen, innerhalb dessen jeder seine persönliche Ethik am besten, ungestörtesten und auch schnellsten entwickeln kann. Unsere Mönche und Nonnen, je nach Art der Ordination, halten eine Vielzahl von Gelübden, die sie wie ihr Umhang vor ihren eigenen störenden Emotionen und Neurosen schützen und sie immer an das Ziel, das zu erreichen sie sich einst aufmachten, erinnern. Sie dienen uns als Schutz, auf dessen Basis dann die weiteren Schritte spiritueller Entwicklung stattfinden, bis wir diese Neurosen nicht mehr von uns abschirmen, sondern sie zu verwandeln beginnen. Erst dann ist es möglich, aktiv mit ihnen zu arbeiten, sie selbst zur Praxis werden zu lassen.

Zu Beginn der spirituellen Praxis ist es absolut notwendig, sich einen sicheren Rahmen zu schaffen. Der vollständigste Rahmen sind die monastischen Gelübde: Wir erbitten Ordination mit dem festen Entschluss, das Chaos unserer eigenen Projektionen zu verlassen, und suchen dafür einen geschützten Ort: das Kloster, wo die Ablenkung am geringsten ist und wo Tugenden am einfachsten zu entwickeln sind. Dort lernen wir schrittweise, die chaotischen Zustände unserer Seele für unser spirituelles Fortkommen zu nutzen. Denn mit Chaos und Verwirrung ist die Welt draußen reichlich »gesegnet«. Sie ist angefüllt mit unethischen Handlungen und eigennützigen, egoistischen Eskapaden, denen wir uns zu entziehen suchen. Doch in Ermangelung der richtigen Methoden rutschen wir oft noch tiefer in unsere Ichbezogenheit hinein. Die Folge ist, dass unser Gefühl des Eingesperrtseins nur noch stärker wird. Ein Teufelskreis. Wie aber können wir diesem selbstgemachten Gefängnis entrinnen und wahre Freiheit, nach der wir alle suchen, tatsächlich erlangen, wenn wir nicht vorhaben, Mönche oder Nonnen zu werden?

Zuallererst sollten wir uns eingestehen, dass wir diese Freiheit immer außerhalb von uns selbst suchen, als handle es sich um eine Parallelrealität. Ungefähr so wie bei Star Trek, wo sich Captain Kirk und Mr Spock aufmachen, die Weiten des Alls zu durchdringen, um gespiegelte Welten, Doppelgänger in fremden Galaxien etc. zu erkunden und für die Nachwelt festzuhalten. Wir verlangen nach dieser

Freiheit, von der wir instinktiv wissen, dass es sie gibt. Wir betrachten es als unser Recht, frei zu sein. Doch woran denken wir, wenn wir von Freiheit sprechen? Wir denken an all die Möglichkeiten, die sich uns da draußen erschließen, unser eigenes Vergnügen, unser finanzielles Fortkommen etc. Wir leben in demokratischen Gesellschaften, und Meinungs-, Rede- und Religionsfreiheit sind in unseren Verfassungen garantiert. Tatsächlich aber scheint mir die sogenannte freie Welt so uniformiert und unfrei wie selten zuvor. Wir glauben einfach alles, was man uns präsentiert, weil wir es glauben *wollen*. Wir glauben der Werbung, wenn sie uns einreden will, dass wir mit einer bestimmten Sorte von Joghurt nicht nur unser Wohlbefinden drastisch steigern, sondern auch unseren täglichen Vitaminbedarf decken können, glauben den Versprechen von Politikern, die besonders vor den Wahlen Ängste in uns wecken, um im gleichen Aufwasch deren einzige Lösung zu präsentieren. Wir glauben einfach alles, wenn man es uns einigermaßen schlüssig argumentiert vorbetet, weil es bequemer ist, z. B. Umweltsünden kleinzureden und damit den eigenen Verbrauch an Ressourcen zu verteidigen. Weil es leichter ist, nicht selbst nachzudenken, sondern anderen, die »doch viel gescheiter sind als wir«, das Denken zu überlassen.

Aber gerade uns Mitteleuropäern sollte diese Art der Bequemlichkeit ein Dorn im Auge sein und uns veranlassen, die Welt, in der wir leben, differenzierter anzuschauen und aktiv zu werden. Natürlich können wir keine Experten in allen Belangen des Weltgeschehens sein, und es wäre Selbstbetrug, zu glauben, dass wir dieses Ziel innerhalb eines Menschenlebens jemals erreichen können, auch wenn wir die Intelligenz der gescheitesten Menschen in uns vereinten. Doch was ist dann das Maß, an das wir uns halten können, zu entscheiden, was richtig und was falsch ist? Und gibt es so ein Maß überhaupt?

Vereinfacht gesprochen, ist unser gesunder Menschenverstand unsere größte Waffe gegen all die Ungerechtigkeiten, Untugenden und Egoismen, denen wir uns beständig selbst aussetzen. Denn unser gesunder Menschenverstand weiß längst, dass sowohl persönliche Ethik als auch die Verantwortung gegenüber allem, was uns umgibt, das einzige Heilmittel für das eigene Wohlergehen sowie das der Mensch- und Wesenheit ist.

Diejenigen unter uns, die diese Ethik und Verantwortung vervollkommnen möchten, erbitten klösterliche Ordination. Wir sind dadurch nicht etwa eine Elite oder bessere Menschen, im Gegenteil, wir selbst sehen uns als Diener der Wesen um uns herum und der Welt. Wir leben in Hingabe an unsere großen Heiligen, die uns mit all der Geduld und dem Durchhaltevermögen beschenkt haben, um uns dadurch als Vorbild zu dienen, damit wir selbst diese Tugenden entwickeln, um unser Ziel zu erreichen und damit allen Wesen von tiefem Nutzen sein zu können. Ich glaube, das ist eine Grundeinstellung, die Nonnen und Mönche aller Glaubensbekenntnisse miteinander verbindet.

Das Paradebeispiel dafür ist sicherlich Mutter Teresa. Mönch oder Nonne zu werden bedeutet nicht, sich der

Welt zu entziehen. Wir sind nicht weltfremd, wie man uns manchmal vorwirft. Ich möchte sogar die gegenteilige These aufstellen, dass wir uns unserer Verantwortung innerhalb dieses Gefüges, in dem wir leben, zutiefst bewusst sind und all die Mittel der jeweiligen spirituellen Tradition klösterlichen Lebens, der wir uns verbunden fühlen und angehören, ehrlichen Herzens praktizieren, um diese Welt zu einer besseren zu machen. Irgendwie hört sich das nach Don Quixote und seinem Kampf gegen die Windmühlen an, doch wir sind keine Tagträumer, sondern handfeste Realisten und davon überzeugt, dass selbst kleine individuelle Schritte große Wirkungen für alle hervorbringen können.

Und: Nach meiner Auffassung gibt es trotz der stürmischen, konsumorientierten Zeit, in der wir leben, zahlreiche aufrichtige, ehrliche Mönche und Nonnen, die durch ihre Anstrengungen und Lebensart zu einer besseren Welt, zu mehr Frieden und weniger Ungerechtigkeit beitragen. Machen Sie die Probe: Treffen Sie authentische Monasten, und egal in welchem Gemütszustand Sie sich befinden, Sie werden sehen, dass allein durch deren makelloses Leben und altruistische Geisteseinstellung Ihr eigener Geist ruhiger, gelassener und zufriedener wird. Diese Erfahrung machen Laien sowie Nonnen und Mönche im Buddhismus seit 2500 Jahren.

Auf jener Wiese inmitten von Wien, auf der ich versuchte, mich mit dem Allesdurchdringenden zu verbinden, musste also damals für mich als Achtjährige das Vaterunser als Methode herhalten, mein Herz und meine Seele sich in ihrer unabänderlichen Weite offenbaren zu lassen. Dieses Gebet hatte ich schon immer gemocht. Der universelle Vater, der heilige, übersinnliche, allmächtige, alles durchdringende, jenseits aller irdischen Kleinlichkeiten und Neurosen, der letztendliche Vater. Der, der mir den Schlüssel zur Glückseligkeit überreichen, mir die vollständige Weite meines Herzens erschließen und eine Zufriedenheit, die ihresgleichen sucht, eröffnen würde. Ihn wollte ich finden. Die Suche nach ihm ist wie der Leitfaden meiner Kindheit und Jugend und seine spirituelle Führung die goldene Schnur meines gegenwärtigen und künftigen Lebens. Etwas in mir wusste, dass ohne seine Führung meine Seele nicht nach Hause finden würde. Es drängte mich, trieb mich, gab mir Gewissheit in der Unwissenheit.

Auf jener Wiese, die, gleich einem impressionistischen Gemälde, wie jene, die ich während meines Parisaufenthalts als Teenager in den zahllosen Museen bewunderte, eine Art Schönheit in mir zu generieren imstande war, stellte sich damals wohl eine gewisse Art der Linderung meiner Pein durch meine inbrünstigen Gebete und mein Flehen ein. Aber es war einfach nicht genug, es schien nie genug zu sein, egal, wie tief ich in meine Seele vorstieß. Ich verließ den Ort mit einer Schwere im Herzen, einer Sehnsucht, die darauf brannte, gestillt zu werden. Und so suchte ich immer wieder Plätze in der Natur auf, wo ich mich den Elementen hingeben konnte. Orte, an denen ich mich frei fühlte und immer noch fühle: mein Herz mit dem Wind in die Unendlichkeit des Horizonts erhebend, auf Wolken ruhend, mich dem Licht der Sonne anvertrauend, in der Weite des Himmels aufgehend, in meiner Seele die erhabene Unbegrenztheit, die mich in diesen Momenten auch außen umgab, entspringen zu lassen.

Ich war ein stilles Kind, meine Mutter erzählte mir vor kurzem, dass ich so oft traurig ausgesehen hätte, aber natürlich auch ansteckend froh und fröhlich sein konnte. Ich war getrieben von einer inneren Unruhe, zugleich aber entschlossen, dieser Situation mit allen Mitteln zu entrinnen. So lange ich denken kann, loderte etwas in meinem Herzen, das sich danach sehnte, sich zu entfalten und zu offenbaren. In meinem Elternhaus waren aber ganz andere Dinge wichtig. Meine Mutter war, nicht zuletzt durch die schwere Zeit, die sie mit und durch meinen Vater vor und während ihrer Trennung durchlebt hatte, sehr pragmatisch. Nach ihrer Matura hatte sie auf ihren eigenen Wunsch, einerseits um selbständig zu sein, andererseits um dem von ihren Eltern vorgesehenen Studium zu entkommen, angefangen, in einer Bank zu arbeiten. Dort blieb sie, mit einer kurzen Unterbrechung, bis zu ihrer Pension. Sie war eher ein Zahlenmensch, wohingegen ich an Ästhetischem und Schönem in allen Ausprägungen interessiert war. »Von Schöngeist kann man nicht leben« war einer ihrer Standardsätze.

Es war ihr sehr wichtig, dass ich eine gute, aber auch praxisnahe Ausbildung erhielt, damit ich gleich nach der Matura, nach dem Abschluss meiner Schulzeit damit beginnen konnte, zu arbeiten. Doch diesen Plan durchkreuzte ich später gewaltig. So wuchs ich also in einem Umfeld auf, in dem ich meine Sehnsüchte und Vorlieben kaum und wenn überhaupt nur heimlich ausleben konnte, und so immer wieder versuchte zu Lehrern, die ich besonders mochte, eine Beziehung aufzubauen, in der Hoffnung, dass sie sich als diese Schlüsselperson, die ich so sehnlich suchte, entpuppen würden. Eine dieser Frauen war meine Deutschlehrerin in der Unterstufe eines öffentlichen Gymnasiums, das ich nach Verlassen der Klosterschule vier Jahre lang besuchte. Ich suchte das Gespräch mit ihr über Literatur und Theater, um meinen Wissensdurst zu stillen, der weit über den Schulstoff hinausging. Dabei fühlte ich mich wie eine Entdeckerin, die gut ausgerüstet loszieht, unbekanntes Terrain für die Nachwelt zu erforschen und zu dokumentieren. Denn da es mit dem Gebet bisher nicht geklappt hatte, meine wahre Destination zu erreichen, versuchte ich also nun, über die Methode des Wissens zu jener Unbegrenztheit meiner Seele vorzustoßen.

Jene Deutschlehrerin stand mir mit Rat und Tat zur Seite. Meiner Großmutter, die meist die Sprechstunden und Elternabende wahrnahm, da meine Mutter berufstätig war, erzählte sie, dass ich Bücher ja fressen müsse, bei dem Wortschatz, den ich hätte. In der Tat, ich las alles kurz und klein, was mir in die Finger kam. Ganze Büchereien ackerte ich systematisch durch. Bücher wurden für mich das Tor in eine neue Welt, eine Welt, von der ich hoffte, dass sie mir die Welt in meinem Herzen erschließen würde.

Meine Suche nach innerer Weisheit und Erfüllung hatte also eine neue Richtung eingeschlagen: Ich suchte sie durch Wissen greifbar zu machen. Ich liebte Bücher, sie waren mein größter Schatz, und so ertrug ich es naturgemäß nicht, zu sehen, dass andere sie achtlos behandelten. Eselsohren oder abgeschlagene Deckel verursachten mir geradezu körperlichen Schmerz. Mein Bruder war das genaue Gegenteil, für ihn waren Bücher der blanke Alptraum. Einmal musste ich ihm eine meiner Kostbarkeiten überlassen, weil unsere Großmutter ihn dazu genötigt hatte, täglich eine Seite zu lesen. Er beendete das Buch nie, es kam aber in denkbar schlechter Verfassung wieder zu mir zurück; ich errettete es aus seinen »Fängen«.

Wir teilten uns ein Zimmer, unsere Eltern hatten uns den größeren der beiden Schlafräume der Wohnung überlassen und ihn in der Mitte durch zwei mannshohe Schreibtischeinbauten und Vorhänge geteilt. So hatten wir wenigstens die Illusion von ein wenig Privatsphäre, die tatsächlich natürlich nie gegeben war, da man auch das kleinste Geräusch hörte. Unsere Eltern zogen damals im Austausch für ihr Schlafzimmer in das viel kleinere Zimmer, in dem mein Bruder und ich gemeinsam unsere Kindheitsjahre verbracht hatten und das gerade groß genug war, um ein Doppelbett hineinzuquetschen. Solange ich denken kann, hatte ich den Wunsch, ein Zimmer für mich zu haben, gerade so groß, dass ich darin aufrecht sitzend schlafen konnte, also ein mal ein Meter, an den Wänden rundherum meine Bücher, fein säuberlich aufgestapelt auf Regale und immer verfügbar. Ich träumte davon, malte es mir im Geiste aus, lebte in meiner Vorstellung darin. Dieser Traum sollte sich später in meiner Klausur erfüllen, wenn auch in einem nicht ganz so kleinen Raum.

Mein gesamtes Leben fand damals, sehr zum Unmut meiner Mutter, auf meinem Bett statt: Ich aß, las, machte Hausarbeiten, alles im Schneidersitz auf meiner Schlafstatt. Mein Schreibtisch sowie mein Kleiderschrank und alle anderen Regale, sowohl in als auch darauf, der Decke zustrebend, der Raum unter meinem Bett, all das war nur noch Ablagefläche für meine Bücher. Und in mir war immer dieser Wunsch, auf kleinstem Raum in Abgeschiedenheit zu meinem wahren Ich vorzustoßen – aufrecht sitzend zu schlafen und meine Texte rund um mich zu haben.

Als ich viel, viel später von Yogi Lamas im Himalaya hörte, die in genau solchen Einsiedeleien unter genau diesen Umständen praktizieren, hatte ich das Gefühl, hier etwas wiederzufinden, an etwas Bekanntes anzuknüpfen. Ich war so erleichtert darüber, dass ich weinte.

Bücher waren tatsächlich meine einzigen wahren Freunde. Ich zog ihre Bekanntschaft jener mit Menschen vor. In der Volksschule hatte meine Freundschaft mit jenem Mädchen, das nach Australien auswanderte, abrupt geendet, und danach vertraute ich mich nur noch äußerst selten jemandem an. In der Unterstufe des Gymnasiums, das ich nach der klösterlichen Grundschule besuchte, hatte ich eine gute Freundin bei den Pfadfindern, ebenfalls eine Australierin, die nach einiger Zeit wieder zurück in ihre Heimat musste und von der ich nie wieder hörte.

Später hatte ich eine Freundin, mit der ich seit meinem Eintritt in das Gymansium verbunden war und mit der ich meinen ersten selbständigen Auslandsurlaub in Paris verbrachte. Doch die Offenheit, die mich als Kind ausmachte, wandelte sich zu Zurückgezogenheit, die sich in Büchern wohler fühlte als in Gegenwart von Menschen.

Wann immer es einen Anlass gab, wünschte ich mir nichts sehnlicher als neue Lektüre. Umso schmerzhafter war es für mich, als unsere beiden Hunde, während mein Bruder und ich in der Schule waren, sich über meinen Schatz hermachten, und alles zerfetzten und anbissen, was sie in ihre Gewalt bringen konnten. Fast täglich fand ich die Spuren ihrer Verwüstung vor: Möbel wurden zerlegt, Stofftiere ihrer Füllung beraubt, die dann gleichmäßig in der Wohnung bis in alle Ritzen verteilt war, meine Bücher ruiniert, einfach nichts war vor ihnen sicher. Wir hatten die Bücher schon auf recht hohen Wandregalen untergebracht, um sicherzugehen, dass die zwei Hunde ihnen nicht zu nahe kamen. Aber die beiden schafften es irgendwie doch, sich zu den Dingen, die sich hoch über ihren Köpfen befanden, hinaufzugelangen, um sie in Teamarbeit herunterzufetzen und zu zerstückeln. Ich vergoss viele Tränen, als ich meine besten Freunde, die Bücher, so elend und missbraucht vorfand.

Meine Großeltern förderten meine Lesesucht. So gab es in der Volksschule eine jährlich stattfindende Buchausstellung – diverse Buchhandlungen durften im Festsaal eine Auswahl ihres Sortiments präsentieren, und Eltern und Schüler waren dazu eingeladen, durch die Werke zu schmökern und natürlich das ein oder andere Buch zu kaufen. Meine Großeltern begleiteten mich jedes Jahr zu diesem Ereignis, und jedes Mal durfte ich mir eine Kostbarkeit aussuchen. Das erste Buch, das ich dort bekam, ist sogar noch in meinem Besitz: »Hutzel und Wutzel« von Ernst von Dombrowsky, versehen mit der Widmung »Deine erste Lektüre der ersten Klasse! Deine Oma«.

Meine Großeltern hatten selbst eine beachtliche Bibliothek, in der alle Genres vertreten waren, von Schulbüchern über Weltliteratur, Sachbücher und Krimis jeglicher Art, besonders von Agatha Christie, die meiner Großmutter als Einschlaflektüre dienten und die ich noch vor meinem zehnten Geburtstag sämtlich verschlungen hatte. Das Lesen brachte ich mir mit Büchern in der Frakturschrift selbst bei. Ich fühlte mich zu diesen alt anmutenden Zeichen geradezu magisch hingezogen, und meine Vorliebe für archaische Zeichen spiegelte sich später in verschiedenen Arten der vornehmlich tibetischen Kalligraphie, die ich erlernte, freudigst wider.

Ich erinnere mich an einen Ferienjob, den mir meine Mutter während meiner Schulzeit vermittelt hatte: Einen Monat lang arbeitete ich im Büro einer Firma und sprang in verschiedenen Betätigungsfeldern ein, wenn Bedarf war. Ich war noch in der Handelsakademie, muss also etwa sechzehn Jahre alt gewesen sein. Jeden Morgen fuhr ich mit der Straßenbahn ans andere Ende der Stadt. So musste ich sehr früh aufstehen, verließ das Haus vor allen anderen, denn ich begann den Arbeitstag um sieben Uhr früh, um ihn auch bald wieder beenden zu können. Die

Fahrt bis zur Arbeitsstätte dauerte über eine Stunde, und so fütterte ich meinen hungrigen Geist in dieser Zeit mit allem, das mir in die Finger kam: Während der Fahrt las ich pro Tag ein Buch aus – die eine Hälfte in der Früh während der Fahrt zur Firma, die andere auf dem Weg nach Hause.

Ich hatte das Gefühl, in der Monotonie des Büroalltags geistig vollkommen zu verarmen, fühlte mich wie eine Untote, lebendig begraben in der Tristesse der immerwährenden Wiederholung. Ich konnte überhaupt nicht nachvollziehen, dass meine Mitschülerinnen der Handelsakademie eine solche oder ähnliche Karriere anstrebten. Für mich war es einfach nur eine Höllenvorstellung. Allein die Tatsache, täglich zur selben Zeit am selben Ort die gleiche Arbeit mit denselben Menschen im selben Umfeld und Raum verrichten zu müssen, erschien mir wie eine der grausamsten Formen von Folter. Damals schwor ich mir, niemals, unter keinen Umständen, einem eintönigen Job nachgehen zu wollen.

Natürlich schrieb ich auch selbst von frühester Kindheit an und verfasste erste Kurzgeschichten, um meine innere Welt zu konservieren.

Lange Zeit war ich von dem Gefühl besessen, ich sei adoptiert worden, da ich so ganz anders war als meine Umgebung. Ich dachte anders, empfand anders, hatte von klein auf ganz andere Ziele und Vorstellungen. Während andere Kinder gern miteinander spielten und Zeit verbrachten, war ich auf der Suche nach »meinem Lehrer«, hatte, wenn überhaupt, mehr Kontakt zu von mir auserwählten Erwachsenen als zu anderen Kindern. Ich wollte die Wahrheit, die in mir schlummerte, zum Leben erwecken. Das Interessante dabei ist, dass es sich dabei eigentlich um die Kernaussage des Buddhismus handelt: Denn »Buddha« ist nicht nur eine historische Person, die ja eigentlich Prinz Siddharta war. Mehr noch ist er vielmehr die Übersetzung der Erfüllung seiner Seele, des vollkommenen Erreichens eines Zustandes von absoluter Perfektion des Herzens, in der Sprache der damaligen Zeit. Ins Tibetische übersetzt, heißt Buddha »sangye«, das aus zwei Silben besteht – »sang«, also »Herz« und »gye«, »erwacht«. Wir sprechen davon, dass jemand »Buddha« ist, wenn er oder sie das eigene Herz zu vollständiger Blüte erweckt hat.

Natürlich kannte ich damals all diese Begrifflichkeiten nicht. Und meine Großeltern förderten meine »Lesesucht« aus einem ganz anderen Grund, nämlich um meine Erziehung zu perfektionieren und mir, ähnlich dem Vorhaben meiner Mutter, später einen guten Job zu bescheren, und darüber hinaus einen guten Stand in der Gesellschaft zu sichern. Noblesse oblige.

So behielt ich meine Welt, meine Ansichten für mich, um in der Umgebung, in der ich mich bewegte und lebte, nicht noch mehr ins Abseits zu geraten. Wenn ich im Schlaf sprach, was ich oft tat, so erzählte mir meine Großmutter oft, dass ich in einer eigenartigen, ihr vollkommen unbekannten Sprache redete, als ob ich einer anderen Welt entsprungen war. Ich war gern allein, mit Büchern, oder aber in der Natur. Dennoch war ich vor Temperamentsausbrüchen keineswegs gefeit, zumal wenn irgendetwas, das ich von mir selbst erwartete, mir nicht so gelang, wie ich es wollte.

Ich erinnere mich, wie ich einmal in der Küche unserer Großeltern saß, wo ein großer Esstisch für informelle alltägliche Mahlzeiten stand, denn es gab auch ein eigenes Esszimmer mit Erker, den wir zugleich auch manchmal als Arbeitsplatz für unsere Schularbeiten nutzten, wenn wir bei ihnen waren. Die Wohnung meiner Großeltern war groß, in einem bürgerlichen Haus des vorletzten Jahrhunderts in vornehmer Innenstadtlage. Die hohen Decken trugen prächtige Stuckverzierungen, und schöne Teppiche machten die Räume warm. Oft trafen wir uns hier zu feiertäglichen Familientafeln. Dann versuchte meine Mutter mir regelmäßig meine kurzen Haare – ich sah bis zur Pubertät wie ein Bub aus – in Lockenwickler zu zwängen, um sie in eine üppige Pracht zu verwandeln. Ich hasste diese Prozeduren, die meiner Mutter notwendig schienen, um mich wie ein Mädchen aussehen zu lassen. Ich mochte einfach keine Locken, keine Absätze an Schuhen, keine Röcke, und so besorgte mir meine Großmutter immer, sehr zum Missfallen meiner Mutter, flache Knabenschuhe, in denen ich mich wohlfühlen konnte.

In der Wohnung unserer Großeltern gab es ein großes Wohnzimmer, die Wände trugen Biedermeiertapeten, einzelne Antiquitäten verliehen den Räumen eine gediegene Atmosphäre. Es gab auch ein Gästezimmer, das mit dem Schlafzimmer unserer Großeltern durch einen Gang verbunden war. Dort hatten mein Bruder und ich unsere

Betten. Mein Lieblingsplatz war einer der typischen Unterbauten, den die Fenster dieser alten Häuser haben – eine Art Unterschrank, der den gesamten Raum unter dem Fenster ausfüllte und eine geschlossene Plattform bildete, auf der man wunderbar sitzen konnte und sowohl in die innere Welt versinken als auch die äußere aus luftiger Höhe betrachten konnte. Hier saß ich oft und las, betete, meditierte oder dachte nach.

Eines Nachmittags saß ich also in der Küche am Esstisch unserer Großeltern und malte. Vor mir auf dem Tisch waren Hefte und Bücher, Stifte und andere Utensilien ausgebreitet. Doch das Bild wollte und wollte mir nicht gelingen. Meine Großmutter saß mit mir am Tisch und versuchte mir gut zuzureden, da meine Verzweiflung über meine Unfähigkeit ins schier Unermessliche stieg und sich in einem Ausbruch Luft machte, der mich all das, was auf dem Tisch lag, in einem Schwall von Kraft und Energie herunterfegen ließ. Ich pfefferte alles regelrecht in die andere Ecke des Raumes und verkündete lautstark, dass ich einfach zu dumm sei, das Bild, das sich vor meinem geistigen Auge bereits in voller Pracht entfaltet hatte, auf das Papier zu bringen. Es war, als ob meine innere Welt sich nicht in die äußere übertragen ließ.

Ein anderes Mal, ich muss zwölf Jahre gewesen sein, waren meine Großeltern mit uns im Winterurlaub. Während in meiner Klasse beinahe jeder Skifahren konnte, hatten wir darin bisher keine Übung. Meiner Mutter fehlte das Geld, uns Ausrüstung und Skikleidung zu kaufen. Nachdem wir von Verwandten abgelegte Ski und dazugehörige Kleidung geschenkt bekamen, sollten wir nun unsere ersten Erfahrungen mit den Brettern unter den Füßen machen. So schnallte ich in jenem Winterurlaub erstmals die Ski an und war im Begriff, mich an einem sanft abfallenden Hang hinter dem Haus zu versuchen. Wieder hatte ich eine ganz genaue Vorstellung davon, wie die Abfahrt sein sollte, und wieder einmal war in der Praxis alles ganz anders. Da ich nie zuvor irgendeine Unterweisung erhalten hatte, wie man die Bretter steuern, bremsen oder beschleunigen konnte, sah ich mich nun völlig schutzlos deren Eigenleben ausgesetzt. Eine Zeitlang ließ ich mich von dem Gerät »foltern«, aber nachdem ich Stunden später noch immer nicht »Frau der Lage« war, ergriff mich wieder diese Flutwelle von Wut und Frustration über meine Unfähigkeit. Wutentbrannt schleuderte ich alles von mir: Ski, Skistöcke, Handschuhe, inklusive der Schuhe, und so saß ich im Schnee, heulend und zutiefst zornig über meine Unzulänglichkeit.

Mein Großvater hatte damals für meine Großmutter, die zumindest anfänglich nicht genau wusste, wie sie mit meinen Wutausbrüchen umgehen solle (schimpfen oder eher sanft beruhigen?), den besten Rat parat: »Schatzerl (so nannte er sie immer liebevoll), lass sie liegen. Bald wird ihr kalt, und dann sucht sie die Skischuhe, zieht sie wieder an, holt auch die anderen Dinge, die sie so gleichmäßig verteilt hat, wieder und probiert es nochmals.« Natürlich hatte er recht, denn genau das passierte, schließlich bin ich ein »Jetzt-erst-recht-Typ«. Wenn ich etwas nicht gleich so schaffe, wie ich es mir vorstelle, dann probiere ich es so lange, bis das Resultat zufriedenstellend ist, auch wenn es manchmal lange dauerte, bis ich mich aus dem Tränental, in dem unterzugehen ich Gefahr lief, selbst errettete.

Heute habe ich gelernt, mir diese Kraft, die zuerst wie aus einem Vulkan aus mir und über mich hinausschoss, zu eigen zu machen und zu nutzen. Ich kann tatsächlich ziemlich stur sein. Heute ist es allerdings eine andere Sturheit als damals. Ich habe gelernt, diese Energie zu kanalisieren, sie für meine Praxis und Entwicklung zu nutzen. Das hört sich zwar einfach an, bedarf aber einiger Übung. Es würde zu weit führen, hier die fortgeschrittenen Meditationsmethoden darzustellen, die ich heute praktiziere. Es gibt aber auch Möglichkeiten für Anfänger, mit ihren Energien sinnvoll zu arbeiten. Das Grundverständnis dabei liegt in der Tatsache, dass es sich tatsächlich, rein sachlich betrachtet, um Energie handelt, welche von unseren Emotionen eingefärbt wird und uns so zum Beispiel als Ärger einnimmt. Im Vajrayana, oft auch Tibetischer Buddhismus genannt, sind Emotionen keine Störfaktoren mehr, die es zu beruhigen gilt. Vielmehr werden sie zum Motor unserer Entwicklung. Wir lernen, nachdem wir darauf gründlich vorbereitet wurden, durch intellektuelles Verständnis, aber vor allem und maßgeblich durch meditative Praxis, direkt mit ihnen zu arbeiten. Als Anfänger ist es aber wichtig, dass wir diese Emotionen als solche identifizieren und von ihnen abstrahieren lernen, um sie klarer sehen zu können. Und das ist eine Übung, die wirklich jeder ausführen kann.

Wenn wir in einer Situation sind, der wir uns nicht

gewachsen fühlen, ist es wichtig, uns aus ihren Fängen zu reißen und sie einfach sachlich zu betrachten. Wir versetzen uns am besten dabei in die Rolle unseres besten Freundes und versuchen, uns vorzustellen, wie er oder sie die Situation empfinden würde, ohne emotional verwickelt zu sein, und was unser Freund uns dann raten würde. Genau deshalb fragen wir unsere Freunde ja tatsächlich im alltäglichen Leben um Rat – weil wir in unserer Wahrnehmung zu befangen sind. Diese Strategie wird uns nicht gleich gelingen, denn um sie anwenden zu können, brauchen wir das Hilfsmittel der einfachen Meditation, in der wir lernen, Abstand zu den Dingen zu gewinnen, indem wir in der Ruhe und Stille unseres Geistes oder Herzens inmitten des Tumults von niemals aufhörenden Gedanken zu verweilen lernen. Das ist das Geheimnis der grundlegendsten aller Meditationsformen, die die Basis für alle weiterführenden formt. »Ohne Fleiß aber auch kein Preis«, das bedeutet, dass wir diese Übung tatsächlich regelmäßig anwenden müssen, wenn wir beabsichtigen, ein zufriedenstellendes Ergebnis zu erzielen.

Viele Jahre später sagte mein Guru in der ersten Zusammenkunft nach der traditionellen Dreijahresklausur, jener langen Klausur, die Praktizierende des Vajrayana von den grundsätzlichsten bis in die höchsten und fortgeschrittenen Methoden führt und einweiht, damals in meiner Anwesenheit über mich: »She is crazy. But GOOD crazy«, in Anerkennung meiner Ausdauer und sturen Entschlossenheit, einmal Begonnenes tatsächlich zu Ende zu führen. Diese Klausur ist durch ihr strenges Curriculum in der besten Weise dazu geeignet, uns in drei Jahren, drei Monaten, drei Tagen wenn nicht zum letztendlichen Ziel, dann doch einen großen Schritt an dieses Ziel heranzubringen. Sie ist anstrengend, bedarf eines gewaltigen Maßes an Bestimmtheit, Einsatz und Vorsatz, um aus den tiefgehenden Methoden, die sie uns bietet, schöpfen zu können.

Bestimmtheit und Zielgerichtetheit sind tatsächlich zwei Worte, die mich ziemlich gut beschreiben. Zum Geburtstag bekam ich einmal ein kleines Büchlein mit Anekdoten und astrologischen Hintergründen zum Tag meiner Geburt geschenkt. In meiner Lebens- bzw. Berufswahl standen in dieser Reihenfolge: Priester, Journalist, Rechtsanwalt, Detektiv! Das ist insofern erstaunlich, als diese Berufe mich schon immer interessiert hatten. Sie alle suchen nach der Wahrheit. Jeder von ihnen eine andere Art zwar, aber dennoch streben sie danach, hinter den Kulissen das Echte aus vermeintlich Offensichtlichem zu extrahieren.

Von mir selbst erwartete und forderte ich also immer diese Art der Perfektion, nicht als Diktat, sondern im festen Vertrauen, dass das Beste möglich ist. Man muss nur mit voller freudiger Anstrengung die richtigen Mittel einsetzen, um Vollendung zu erlangen. Perfektion, so wie wir sie aber landläufig verstehen, ist allerdings unweigerlich mit dem Faktor Stress verbunden. Diese Art von Druck, dem wir uns ständig aussetzen, meine ich natürlich nicht. Vollkommenheit, Perfektion, Vollständigkeit ist mehr das Grundvertrauen in unsere eigenen inneren Fähigkeiten. Wir kennen alle Stress – im Beruf verlangt man uns Äußerstes ab, im Privatleben erwartet unsere Umwelt, es mit einem vollkommenen Gegenüber zu tun zu haben, und wir rennen, um diese Erwartungen erfüllen zu können, den unterschiedlichsten Vorbildern nach.

Kurzum: Wir suchen nach dem vollkommenen Ich außerhalb von uns selbst. Ich nehme mich dabei nicht aus, in meiner Studien- und Berufszeit, von der noch zu berichten sein wird, war ich ebenfalls davon besessen, immer ein perfektes Resultat zu liefern, ohne dabei aber zu verstehen, dass die Vollkommenheit, die wir erreichen möchten, nur dann auch äußerlich sichtbar werden kann, wenn wir diesen Zustand innerlich tatsächlich erreicht haben. Mit anderen Worten bedeutet das, dass Zufriedenheit das Barometer unserer Ergebnisse ist. Eine Art von Zufriedenheit, die daraus entsteht, dass wir Vertrauen in uns selbst und unsere Fähigkeiten haben, eine Art Urvertrauen.

Ich spreche dabei nicht von Selbstgefälligkeit, die mir oft im beruflichen Umfeld begegnet ist. Urvertrauen in den eigenen Wert ist wie jener ruhende Pol in uns, der uns alle Geschäftigkeit außen mit Abstand, wie einen Film, betrachten lässt. So, wie wir uns ins Kino setzen, einen Film anschauen und wissen, dass das Spektakel vor uns Fiktion und nicht unsere gelebte Realität ist. Diese Zufriedenheit können wir durch die einfachste aller Meditationen erlernen, in der wir unser Herz in Ruhe verweilen lassen.

Auch ich durchlief die Stadien der Suche nach Perfektion, vom Äußeren zum Inneren. So erinnere ich mich noch an ein Bild aus meiner späteren Schulzeit, ich ging bereits auf die Handelsakademie, als ich bei einer Schularbeit der

Betriebswirtschaftslehre das Gelernte als Bild aus meinem Gedächtnis abrief: Ich las die Frage, blätterte im Geist das Lehrbuch zur entsprechenden Seite durch und schrieb dann den Inhalt des Buches, der mir vor meinem geistigen Auge erschien, einfach ab. Die Themen an dieser Wirtschaftseliteschule, die ich auf Wunsch meiner Eltern besuchte, die mir damit eine berufliche Ausbildung mitgeben wollten, lagen mir wirklich nicht. So beschränkte ich mich mit zunehmendem Alter auf die nötigste Anstrengung, um auf die ausreichende Punktezahl zu kommen. Ich wollte einfach keine Anstrengung für mir so fraglich erscheinende theoretische Ansätze entwickeln. Mein fotografisches Gedächtnis, das ich für solche ungeliebten Themen einsetzte, leistete mir dabei gute Dienste.

Nach wie vor beseelt von der Idee, innere Weisheit durch äußeres Wissen generieren zu können, probierte ich im Laufe meines Erwachsenwerdens immer neue Wissensfelder aus. Als Teenager begeisterte ich mich für Philosophie, Kafka, Nietzsche, verschlang Sartre und Camus, mochte Apollinaire, verehrte Breton, fand Gefallen am Dadaismus, Surrealismus, und meine neue Liebe wurde die französische Sprache, die mir so wunderbar geeignet schien, das Geheimnisvolle, Wunderbare, Überirdische in der Sprache des Herzens erklingen zu lassen. Fortan dachte, schrieb, träumte und dichtete ich nur noch in Französisch. Meine Suche führte mich zum Ende meiner Teenagerphase schließlich zur Entdeckung meiner Leidenschaft für das Fin de Siècle. Ich mochte Morgenstern und Werfel, um nur zwei zu nennen, und habe noch immer ein Faible für die Baukunst des Historismus. Sogar unser buddhistisches Zentrum in Purkersdorf ist aus dieser Zeit.

Ich trieb diese meine Suche immer weiter voran und stieß so schließlich auf die Musik. Ich hörte mich durch die Epochen und Stile: von Händel und Bach bis zu den Beatles, von Acid Jazz bis zu Mort Shuman. Ich verfolgte alle Neuerscheinungen des Marktes. Bis zum Jahr 1995, als mein Leben eine drastische Wende nehmen sollte.

Doch ich fand einfach kein Mittel, das tatsächlich geeignet schien, mit der immer stärker werdenden Kraft, die ich in mir spürte, wirklich sinnvoll umzugehen, sie umzusetzen und sie aktiv zu verwenden. Also tat ich so gut wie alles, um sie loszuwerden. Ich versuchte, sie zu unterdrücken, einen großen Betondeckel daraufzustülpen, ich wollte so sein wie alle anderen, sorgenfrei, unbeschwert und ohne all meine peinvollen, existentiellen Fragen. Meine schulischen Leistungen wurden rapide schlechter. Ich hatte jeglichen Lebensmut verloren.

Nachdem ich die Matura an jener Wirtschaftsschule abgelegt hatte, beschloss ich, zum Entsetzen meiner Eltern (»Jetzt hat sie den Verstand wirklich verloren«), mich nicht in den »ganz normalen Alltag« zu stürzen, wie ihn meine Eltern für mich vorgesehen hatten. Wäre es nach ihnen gegangen, hätte ich als Sekretärin für ein geregeltes Einkommen gearbeitet.

Stattdessen zog ich von zu Hause aus, schrieb mich an der Universität Wien für Germanistik und Romanistik ein, in der Hoffnung, mit diesen wissenschaftlichen Disziplinen meiner Seele näher zu kommen, und hatte meine ersten Jobs in der Medienbranche. Durch den Vater einer Freundin bekam ich im 18. Wiener Bezirk eine kleine Wohnung, die nach dem Tod der alten Vormieterin vollständig zu renovieren und restaurieren war. Auf dem Stockwerk, in das ich einzog, lebte eine ältere Dame mit ihrer Tochter und deren Sohn und auf der anderen Seite war meine Wohnung. Alles war zu erneuern – Stromleitungen, Böden, nichts blieb beim Alten. Es war ein typischer kleiner Altbau aus dem ausgehenden 19. Jahrhundert, wie ich sie so gern habe. Wenige ganz kleine Wohnungen, die sich früher pro Stockwerk zwei Toiletten auf dem Gang teilten und natürlich auch keine eigenen Bäder hatten. Meine Wohnung hatte schon den Durchbruch zum WC von innen, die Außentür bauten wir aus und ersetzten sie durch Mauerwerk. Von der Küche trennte ich eine kleine Badenische ab. Stück für Stück arbeiteten meine Helfer und ich den Charme der über hundert Jahre alten Wohnung wieder heraus.

In den fünf Jahren meines Studiums war ich einerseits ein strebsamer Student, andererseits gehetzte Business-Frau, die von einem Job zum nächsten hechtete. Auf der Universität, deren striktes Korsett an Seminaren, Vorlesungen und Hausarbeiten ich bald sehr ermüdend, weil meinem Ziel nicht wirklich zuträglich fand, gab ich Vollgas, um möglichst schnell meinen Abschluss machen zu können. Während ich in der ersten Phase meines Studiums noch unbedingt das Doktorat an das Magisterium anschließen wollte, war mir spätestens im zweiten Abschnitt klar, dass ich nur noch fertig werden wollte. Mein Spezialgebiet war, neben der Linguistik, mediävistische Literatur. Besonders hatten es mir die Poesie und religiösen Texte des 11. und 12. Jahrhunderts angetan. In dieser Epoche fühlte ich mich wohl, lebendig und zu Hause. So nahm ich anfänglich öfter an Exkursionen des altgermanistischen Instituts teil, während deren wir uns historische Stätten an Original-schauplätzen anschauen sollten. Eine Reise nach Oberita-lien ist mir bis heute im Gedächtnis, an ein Kloster in den Bergen erinnere ich mich besonders gern. Der theatra-lische Himmel über den satten grünen Wiesen rund um das Kloster, das eine tiefe Ruhe ausstrahlte, versetzte mich zurück in die Zeit seiner Hochblüte. Ich fühlte mich wie jemand, der zu dieser Zeit gelebt hatte, ich sog die Energie dieses Ortes, des kontemplativen Gebäudes, der Berge, des Himmels in mich auf, als ob es darum ging, mich selbst zu finden, einen Teil meiner Seele zu entblößen und ihn mir selbst zugänglich zu machen. Ich habe tatsächlich einen sehr persönlichen, unerklärlich guten Draht zur klöster-lich »aufständischen« Tradition dieser Zeit. Dabei habe ich zwei besondere Helden, zu denen ich mich immer schon hingezogen fühlte: Einer der beiden ist Bernhard von Clairvaux, der sich dazu aufgemacht hatte, all die Missstände der Kirche seiner Zeit aufzudecken. Selbst hö-fischer Herkunft, trat er in jungen Jahren ins Kloster ein, wurde bald Abt und war maßgeblich an der Erneuerung des monastischen Gemeinschaftslebens, das sich auch in der Baukunst ausdrückte, beteiligt. Fast untrennbar von ihm ist auch Hildegard von Bingen zu sehen, die man im 20. Jahrhundert wiederentdeckte, zur Esoterikheldin erkor und auf ihre Kräuter- und Gewürzlehre reduzierte. So wie Bernhard aber war sie Mystikerin, Erneuerin der Ethik klösterlicher Gemeinschaften und von besonderer spiritueller Einsicht erfüllt. In Hildegards Werken kann ich die Stufen spiritueller Entwicklung sehen, wie ich sie selbst erfahren habe. Wahre Spiritualität kennt keine kulturellen Schranken, und wer ehrlichen Herzens in einer spirituellen Tradition praktiziert, egal welcher, kann den Segen tiefer Einsicht erfahren. Hildegard, genauso wie Hafiz, ein persischer Poet und Mystiker des 14. Jahrhunderts, den ich ebenso liebe, haben uns Zeugnisse der Schönheit und Tiefe ihrer Herzen hinterlassen.

Trotz solcher Momente wollte ich die Universität möglichst bald verlassen und spondieren. In Österreich begehen wir zum Abschluss des Magisterstudiums die Sponsion: Diese Feierlichkeit ist die kleinere Schwester der Promotionsfeier, die genauso zelebriert wird. Der Rektor verleiht in vollem Ornat und im Kreise vieler Dozenten, gefolgt vom akademischen Streichquartett, den Absolventen der Diplomstudien im Rahmen einer akademischen Feier in festlichem Rahmen ihre Titel und liest im altehrwürdigen Festsaal dem Auditorium, das zumeist aus Angehörigen der Absolventen besteht, die Themen der Diplomarbeiten vor. Die Absolventen legen im Zuge der Feier auch das Gelöbnis ab, sich gemäß der akademischen Vorschriften zu verhalten, der Wissenschaft zu dienen, ihre Ziele zu fördern und dadurch verantwortlich zur Lösung der Probleme der menschlichen Gesellschaft und deren gedeihlicher Weiterentwicklung beizutragen sowie der Universität verbunden zu bleiben.

Mit meiner beruflichen Laufbahn in der Medienbranche hatte ich mehr oder weniger zeitgleich mit dem Studium begonnen. Da ich an so vielem interessiert war und nach wie vor alles las, das ich ergattern konnte, gingen mir die Themen nie aus. Ich ackerte zusätzlich zu den Neuerscheinungen der Buchverlage unzählige Magazine, Polit- und Wirtschaftspublikationen, Tages- Wochen- und Monatsblätter durch. Die Bücher, die ich besitzen wollte, bestellte ich fast wie am laufenden Band bei meinem Buchhändler in Gersthof, dem Wiener Vorort, in dem ich lebte, der erst 1892 dem 18. Wiener Gemeindebezirk eingegliedert wurde. So bot ich Redaktionen Geschichten an, die mich interessierten, und wurde bald schon freie Mitarbeiterin – sehr zum Unwillen meiner Familie, die mich gern in einem festen Job gesehen hätte, mit vierzehn Gehältern, einer Sozial- und Pensionsversicherung und allen möglichen anderen Vergünstigungen.

Meine Familie war tatsächlich in größter Sorge bezüglich meiner beruflichen Ambitionen. Speziell meine Mutter und Großmutter wollten mich fortwährend davon überzeugen, dass eine feste Anstellung in einer großen Firma die notwendige Sicherheit böte, die man brauche, um sorgenfrei leben zu können. Mein Großvater, der selbst einen ungewöhnlichen familiären und beruflichen Hintergrund hatte, hielt sich da bedeckter und ermahnte die beiden Frauen regelmäßig dazu, mich meine eigenen

Entscheidungen treffen zu lassen. Er selbst entstammte einer adeligen Familie, die aber noch vor dem ersten Weltkrieg buchstäblich alles verloren hatte. Vielleicht war dieses Erlebnis entscheidend dafür, dass er immer Wert auf die Feststellung legte, dass der Mensch und das, was er tue, zähle, nicht die Diplome, die Anzahl der Zacken des Wappens und der Titel an den Wänden. Als ganz junger Mann suchte er nach einem Job, und da durch den Krieg alles zerstört worden war, musste er mit allem von neuem beginnen. So sagte er sich also, er wolle eine Firma suchen, die Aufstiegsmöglichkeiten biete, und fing auf dem Flughafen Wien als Tankwart einer großen Mineralölfirma an. Er ging als einer der beiden Prokuristen der österreichischen Dependance dieses Weltkonzerns in Pension.

In meiner Kindheit waren wir durch seine berufliche Tätigkeit häufig in feinsten Restaurants zu Gast, meine Großeltern lehrten uns, mit einer Unzahl von Bestecksets in der richtigen Reihenfolge zu hantieren und Tisch- und andere Manieren zu entwickeln. Ich erinnere mich noch, dass mein Großvater mir immer wieder sagte, meine Großmutter würde sich so sehr freuen, wenn ich »Küss die Hand« zu ihr sagte, anstatt eines einfachen »Danke«. Das brachte ich dann doch nicht über die Lippen. Er hatte mich nie zu etwas getrieben oder gescholten, wenn ich es nicht tat, zeigte mir aber immer die verschiedenen Möglichkeiten auf und ließ mich wissen, was er für richtig hielt. Er schlug sich an meiner Seite tapfer durch die naturwissenschaftlichen und mathematischen Fächer in der Schule: Wenn mir Physik und Chemie oder Integralrechnung wieder einmal das Uninteressanteste in der Welt zu sein schienen, versuchte er, der selbst aufgrund der desaströsen wirtschaftlichen Situation ein Maschinenbaustudium abbrechen musste, mir einen gewissen freudvollen Zugang zu verschaffen, der jenseits sturer Zahlen, Formeln und Gesetze lag.

Er hatte mich immer, oft auch in starker Opposition zum Rest der Familie, in meinen Vorhaben unterstützt: Mit dreizehn wünschte ich mir nichts sehnlicher als eine Kamera. Während alle anderen Familienmitglieder strikt dagegen waren, mir so ein teures und in ihren Augen überflüssiges Geschenk zu machen, lehnte er sich gegen den Widerstand auf, setzte die Kamera für mich durch und begab sich, selbst passionierter Hobbyfotograf und Schmalfilmer, mit mir auf Fotosafari, um die Funktionen der Kamera zu testen.

Heute, aus der Distanz betrachtet, kann ich sehr gut erkennen, dass ich wirklich ein Kind dieser Familie bin, die sich durch ihre Revolte gegenüber dem Erwarteten auszeichnete: mein Großvater, der statt einer Gräfin, wie man von ihm erwartete, eine Bürgerliche ehelichte; meine Mutter, die, um ihrem Elternhaus zu entkommen, den erstbesten Anwärter, meinen Vater, heiratete; mein Bruder, der die Schule schmiss und einen Beruf erlernte; und ich, die jegliche Art »normalen« Lebens sowohl vor als auch erst recht mit und durch meine Ordination ausschloss. Wir sind eine Linie von Revoluzzern, jeder auf seine eigene, ganz persönliche Art.

Die Existenzangst, die vor allem meine Mutter und

Großmutter zu erfüllen schien, hatte ich nie, da ich ein Workaholic war. Im Gegenteil: Ich war vogelfrei und hatte das Gefühl, lebendig zu sein, wollte nicht in der Eintönigkeit eines Lebens, das andere für mich vorsahen, begraben sein. Ich hatte immer vor, Journalist zu werden, ich wollte die Leidenschaft für das Schreiben, die mich von Kindesbeinen an begleitete, zu meinem Beruf machen. So arbeitete ich nebst meinen journalistischen Jobs auch in den Public Relations und kam so in eine PR-Agentur, die freie Mitarbeiter suchte. Dort organisierte ich Events, verfasste PR-Artikel und gestaltete ganze Kampagnen. Zusätzlich arbeitete ich noch in der Marktforschung an Projekten mit und begann, Fotojobs anzunehmen. Ich war immer umtriebig gewesen, ständig aktiv, fast niemals im Stillstand. Aber ich achtete immer darauf, nach Leistung und nicht nach Zeit bezahlt zu werden. Da ich sehr schnell arbeitete, erledigte ich mein Pensum in kürzester Zeit und konnte mich meinen anderen beruflichen Zielen ebenso gut widmen wie den Studien und Arbeiten an der Universität. Beruflich arbeitete ich deshalb also immer und ausschließlich projektbezogen. So war gewährleistet, dass ich nicht nur Stunden in Büros oder Redaktionen absaß, sondern in meiner eigenen Geschwindigkeit die von mir erwartete Arbeit erledigen konnte.

Genauso hektisch wie mein Studien- und Berufsalltag waren auch meine privaten Aktivitäten. Ich liebte es, mit meinem Mountainbike durch die Stadt und die Wälder der Umgebung zu rasen. Es hatte einen sehr schmalen, langen, grauen und bretthartem Rennsattel, keinerlei überflüssige Accessoires, weder Federgabelung noch Spritz-schutz, war silberfarben, hatte vierundzwanzig Gänge und war mein persönlicher Porsche, mein Silberpfeil. Mit dem Bike konnte ich zusätzliche Energien, die ich durch meine Arbeit nicht umsetzen konnte, gut verbrennen und mich gleichzeitig noch mehr aufladen. Ich fuhr mit dem Rad zur Uni, zu meinen Jobs, verwendete es als mein Sport-gerät und liebte die Geschwindigkeit, mit der ich mich fortbewegte.

Das Geld, das ich mit meinen Jobs verdiente, musste natürlich auch ausgegeben werden. So begann ich sys-tematisch, mir exklusive Garderobe zuzulegen, Business Outfits in allen wichtigen Standardfarben für die öffent-lichen Termine, die ich wahrnehmen musste. Ich mochte englische Stoffe und Landhausstil, klassische Strenge und Geradlinigkeit, hatte mir von überall die schönsten Details herausgepickt und kombinierte oft auch waghalsig derbes Schuhwerk mit Accessoires von greller Farbe und Designs aus Punkläden in London. Ich mochte den Stil der Sechzi-ger, trug mit Vorliebe Stiefeletten aller Arten: von klassisch elegant über punky bis plateau. Ich wusste, wo ich in der Welt was und zu welcher Qualität erhalten konnte, kauf-te meine Schuhe am liebsten in Italien, besonders in Flo-renz, ausgefallene Oberbekleidung erstand ich in London, Stilvolles in Paris, und Flippiglegeres in New York. Meine Kleiderschränke, selbstgebaute deckenhohe Vollholzkäs-ten, die mein Vorzimmer beidseitig vollständig ausfüllten, waren vollgestopft mit Kostümen, Blusen, wirklich schö-nen Stücken, ausgefallenen Teilen, Lederjacken und etwa siebzig Paar Schuhen. Dazu gesellte sich eine große Zahl von Gürteln und Taschen und andere Accessoires jeglicher Größe und Dessins.

Ich fertigte auch ab und zu Kleidungsstücke selbst an, mein Hochzeitskleid zum Beispiel entwarf ich selbst. Manchmal beschenkte ich auch meine Familie mit meinen Werkstücken. So erinnere ich mich, dass ich einmal meiner Großmutter einen Bademantel nähte, da ihr Lieblingsteil, das sie schon seit vierzig Jahren trug, weil sie einfach keinen Ersatz finden konnte, längst das Zeitliche gesegnet hatte. So stahl ich eines Tages, als ich auf Besuch war, das zerschlissene Stück, nahm den Schnitt zu Hause ab, besorgte Stoff und nähte es im Stil der sechziger Jahre für sie nach.

Für Freundschaften oder soziale Kontakte blieb in diesen hektischen Jahren einfach keine Zeit. Ich war einerseits Studentin, andererseits Medienfachfrau, beides entwickelte sich zeitgleich und trieb seinem Höhepunkt zu, an dem ich schließlich alles hinwerfen würde. Es war eine fast rauschähnliche Zeit, in der ich arbeitete, um zu konsumieren. Und so hektisch konsumierte, wie ich arbeitete.

Es war auch die Phase, in der ich die erste Begegnung mit dem Buddhismus hatte. Mein damaliger Freund, bereits selbst Buddhist, fragte mich einmal, ob ich ihn auf eine Reise nach Deutschland begleiten wolle, um seinen spirituellen Lehrer kennenzulernen. Ich war dem Thema Religion gegenüber inzwischen trotz aller Sehnsucht in meinem Herzen eher ambivalent eingestellt. Ich bin ein sehr analytischer und strukturierter, ziel- und lösungsorientierter Mensch, da ich der Auffassung bin, dass Struktur das Leben vereinfacht und effizienter macht. Doch ich war neugierig und fuhr mit zu den Belehrungen nach München. Wir schlossen uns Freunden an, die mit dem Auto fahren wollten, und hatten so eine bequeme und auch freudig beschwingte Reise. Während der Fahrt erzählten wir einander Geschichten und Anekdoten. In der Runde der vier war ich die Einzige, die noch keinerlei Kontakt mit dem Buddhismus gehabt hatte.

In München hatte eine kleine Gruppe von Schülern eines Lehrers, eines tibetischen Lama, der im Westen lebt und lehrt, einen Saal gemietet, um uns allen damit die Gelegenheit zu bieten, ihn zu treffen. Obwohl ich der Begegnung durchaus in freudiger Erwartung entgegensah, regte sich in meinem Herzen dennoch eine gesunde Portion Skepsis. Was würde (mit mir) passieren? Wie würde der Lama sein, lehren, sich »anfühlen«? Wir suchten uns einen Platz irgendwo in der Mitte des großen Raumes – weit genug vorn, um gut sehen zu können, und weit genug hinten, um nicht aufzufallen. So hockten wir auf dem Boden, die Teilnehmer hatten teilweise ihre eigenen Meditationskissen mitgebracht, der Rest von uns setzte sich auf Jacken und andere mitgebrachte Kleidungsstücke.

Vor uns, auf einem kleinen Podest, war ein schöner Sessel für den Vortragenden vorbereitet worden. Daneben ein kleines Tischchen, auf dem später eine Tasse mit heißem Wasser gereicht wurde, und dahinter ein kleiner improvisierter Altar: eine Buddhastatue, die respektvoll auf ein mit schönem Brokat belegtes Podest gestellt worden war, dazu Darbringungen verschiedenster Art, Räucherwerk, Blumen, frisches Obst und mehr. Auf der anderen Seite des Lehrstuhls waren eine Matte und ein Meditationskissen für den Übersetzer vorbereitet worden, der, so wie der Rest von uns, auf dem Boden, allerdings uns zugewandt, sitzen würde.

Als schließlich der Lama den Raum betrat, sprangen alle vom Boden auf, um ihn zu grüßen: mit gefalteten Händen, manche ehrerbietig gebeugt, manche aufrecht stehend. Ich selbst stand mit einer gewissen Abwehrhaltung einfach nur da. Ich wollte die anderen um mich nicht imitieren, ohne zu wissen, was ich da eigentlich tat, trotzdem spürte ich in meinem Herzen allein durch die Anwesenheit des Lamas eine rätselhafte Freude. Er nahm Platz, die Zuschauer verbeugten sich vor ihm. Ich setzte mich einfach hin, doch ich fühlte mich unwohl dabei, dem Lama nicht ebenfalls meinen Respekt zu erweisen. Heute habe ich keine Probleme mehr damit, in bestimmten Situationen andere Gebräuche einfach anzunehmen: aus Respekt vor fremden Sitten und Menschen, die ihnen folgen. Später fragte ich nach der Bedeutung dieser Begrüßung und erfuhr, dass das Verbeugen unserem eigenen Stolz entgegenwirken soll.

So begann also das Wochenende, das jeweils zwei Einheiten von sogenannten Belehrungen enthielt zu Themen, um deren Behandlung die Teilnehmer vorab gebeten hatten. Wir starrten alle nach vorn, gespannt darauf, was uns eröffnet würde. Der vortragende spirituelle Lehrer, ein

Tibeter mittleren Alters, ein stattlicher, großgewachsener Mann, saß in einer seidig glänzenden weinroten Robe auf dem mit Brokat behängten Sessel vor uns und sprach in etwas holperigem Englisch, das mir anfangs vollkommen unverständlich schien. Glücklicherweise übertrug der Übersetzer die Worte des Lehrers in verständliches Deutsch. Der Lama lächelte unentwegt und schien Ruhe und Frieden selbst zu sein. Er trug nicht die Robe eines Mönchs, das konnte ich damals erkennen, wusste aber auch nicht genau um die Bedeutung des Kleidungsstücks. Dennoch empfand ich deutlich, wie die Eleganz seiner Kleider ihn, gleich einem Funken Hoffnung, aus der unentschlossenen Geschäftigkeit unseres alltäglichen Lebens heraushob. Es ist tatsächlich ein Gewand, das dem tibetischen Kulturkreis entspringt und das in einfacher Variante alle Tibeter, wenn auch heute meist nur noch zu Festtagen, tragen. Lamas, also spirituelle Lehrer, die nicht Mönche oder Nonnen sind, tragen oft Weinrot und Gelb als die Farben, die Dharma, also die Übertragungslinie Buddhas, symbolisieren, wohingegen Ordinierte diese Farben mit ganz spezifischen Kleidungsstücken immer tragen.

Was genau da eigentlich gesagt wurde, bekam ich während dieser Sitzungen gar nicht mit. Meine Beine schmerzten vom harten Boden, und ich hatte Schwierigkeiten, dem eigenwilligen Englisch zu folgen. Während ich sonst an mein hektisches Leben gewöhnt war, fühlte ich mich nun dieser Ruhe geradezu »ausgeliefert«. Ich erinnere mich noch sehr genau an einen kurzen Moment, der sich später als Startschuss zu meinem neuen Leben erweisen sollte.

Der Lehrer schaute mich in einer der Pausen, während deren der Übersetzer sprach, an und blickte mir dabei direkt ins Herz, durchbohrte es und öffnete es gleichsam zu dessen Tiefe. Es war ein ganz kurzer Moment, doch er brachte mich vollkommen durcheinander. Diese Liebe, diese Sehnsucht, diese Gewissheit wuchsen zu einer mir bis dahin unbekannten Intensität und Intimität, es war genau das, wonach ich immer gesucht hatte. Die Wand, die ich im Laufe der Jahre um mein Herz herum aufgebaut hatte, um sicherzugehen, nicht mehr verletzt zu werden, wurde durch den Blick des Lamas im Bruchteil einer Sekunde gesprengt.

Mit diesem Eindruck verließen wir München. Während der nächsten Jahre beschäftigte ich mich intensiver mit den Lehren Buddhas, um sie auf ihre Richtigkeit zu überprüfen. Es war die Zeit meines Studiums inklusive meiner Diplomarbeit, fünf Jahre, die gezeichnet waren von der Auseinandersetzung zwischen Herz und Hirn, zwischen der äußeren, mir zunehmend fremder erscheinenden Welt und der, die sich in meinem Inneren wieder zu eröffnen begann. So lebte ich auf der einen Seite ein ziemlich stürmisches, hektisches Leben, war involviert in fünf, sechs Jobs gleichzeitig, schrieb Artikel, nahm Fotoaufträge an und vieles mehr. Ich brauchte die Action, um meine Kraft, die mir damals grenzenlos schien, abzuarbeiten. Ich rotierte fast vierundzwanzig Stunden am Tag, war hyperaktiv, gab das Geld, das ich verdiente, in Windeseile aus, umgab mich mit all den sinnlosen Dingen des Konsums, Seidennegligées, Schuhen, Taschen, Kostümen,

Parfums. Ich war einfach ständig im Einsatz, im Rausch der Sinne. Auf der anderen Seite allerdings begann das Feuer, das der Lama offenbar in meinem Herzen wieder entfacht hatte, erneut zu glimmen, dann zu flackern, um letztendlich hell zu lodern.

Die Verzweiflung, die meine jungen Jahre geprägt hatte und die meine Seele stets und unablässig erfüllte, begann, dadurch leichter zu werden, der Schleier auf meinem Herzen war im Begriff, sich ein wenig zu lüften, und mein Verstand erhielt durch die Beschäftigung mit dem Buddhismus endlich die Antworten, nach denen er so lange gesucht hatte. Genau zu diesen Gedanken, Überlegungen, Analysen sporne ich meine Schüler heute ebenfalls an. Sie sind unsere Basis, sie formen das Fundament des menschlichen Daseins und werden zur Grundlage spiritueller Praxis, denn wir wollen kein Luftschloss auf Unehrlichkeit bauen, nicht so weitermachen wie bisher und uns damit selbst belügen und alles nur noch verwirrter machen. Wenn wir wissen, wer wir sind, was wir wollen und wohin und womit beziehungsweise mit wem die Reise geht, haben wir die Voraussetzung für eine Weiterentwicklung unseres Herzens geschaffen.

Ich war dabei, mir für dieses Unterfangen Platz im Kopf und im Herzen zu machen, begann wieder, trotz all des Schmerzes, den es mir bescherte, hinter die Kulisse des Offensichtlichen zu schauen, nicht länger wegzublicken und vor mir selbst wegzulaufen. Das Herz weiß, was zu tun ist! Wenn wir es nicht immer abtöten würden, um uns in der bequemen Dumpfheit des Alltäglichen und Gewohnten sicher zu fühlen, wären wir andere, die Welt um uns wäre eine andere! Je mehr anfassbare Dinge sich in meiner Wohnung türmten, umso stärker wurde dieses »es« und verlangte nach Befriedigung, bis ich schlussendlich am Scheidepunkt angelangen und mein Leben ganz neu gestalten sollte. Selbst mein Hausarzt warnte mich in dieser turbulenten Phase meines Lebens zwischen Jetset und Beruf und sagte zu mir: »Wenn Sie in dieser Geschwindigkeit weitermachen, liegen Sie in ein, zwei Monaten mit Magengeschwüren unter dem Messer.«

# Mein Guru

Letztendlicher, tatsächlicher Guru,
Unveränderliche Sphäre vollständiger Realität,
Welcher Tiefgründigkeit für uns alle, die wir nach Wahrheit dürsten,
Ohne Unterbrechung zum Erstrahlen bringt,

Von dem jener tiefste Frieden entspringt,
Welcher reine, unbefleckte Liebe
Als aus sich selbst entstehende Universen
Ungeborenen Stillstandes zu manifestieren imstande ist.

Ich weiß, bei dem Begriff Guru wird uns allen ganz schwindelig, weil das Wort derart verunglimpft und beinahe vollständig seiner eigentlichen Bedeutung enthoben wurde. Schlagen wir die Zeitung auf, so lesen wir von Wallstreet-Gurus, Fitness-Gurus und was der Boulevard sonst noch so hergibt. Wir assoziieren das Wort also mit einer Art Spezialistentum. Ursprünglich aber bedeutete das aus dem Sanskrit stammende Wort »reich an spirituellen Qualitäten«. Es bezeichnet also jemanden, der aufgrund der Entwicklung seines Herzens dazu in der Lage ist, anderen auf ihrem spirituellen Pfad zur Seite zu stehen, sie zum Ziel der *Spiritualität* zu führen. »Guru« ist also nicht etwa ein Titel oder eine Amtsbezeichnung, sondern fasst diese spirituelle Reife der Seele und des Herzens in einem Wort zusammen. Im Tibetischen heißt Guru

Lama. Die Übersetzung ist nicht wortwörtlich, sondern bringt den Inhalt des Sanskrit-Wortes in zwei Silben zum Ausdruck: »La«, also außerordentlich, außergewöhnlich, übergeordnet, und »ma«, Mutter. Also ist ein Lama die überdimensionale Mutter, die sich um uns kümmert und bis zur Vollendung unseres Herzens führt.

Im Westen herrscht immer wieder Verwirrung über die Begriffe Lama und Nonne/Mönch. Das eine ist nicht zwangsläufig identisch mit dem anderen. Wir haben Lamas, die ordiniert sind, und solche, die es nicht sind. Und Nonnen oder Mönche sind nicht gleich Lamas oder »Priester«. Während Ordinierte jene sind, die eine gewisse Anzahl an Gelübden der persönlichen Ethik halten, sind Lamas jene, die dazu aufgrund der speziellen Ausbildung, wenn diese mit gewissen spirituellen Fähigkeiten einhergeht, in der Lage sind, anderen bei ihrer eigenen spirituellen Entwicklung behilflich zu sein. Viele Lamas sind ordiniert und halten daher sowohl die Gelübde der persönlichen Ethik als auch alle anderen weiterführenden Gelübde des Vajrayana und damit auch des Mahayana. Lamas sind auf der anderen Seite Schüler ihrer eigenen Lamas und somit Teil einer lebendigen Linie, die bis zu Buddha zurückreicht. So werden alle gemäß ihrer Fähigkeiten von ihren eigenen Gurus für spezifische Aufgaben gemäß vorhandener Notwendigkeiten eingesetzt. Denn wir missionieren nicht.

Während meines Studiums und meiner journalistischen Arbeit lernte ich die Lehren Buddhas und sein Versprechen, letztendliche Liebe in den Herzen aller Wesen zu vollständiger Blüte zu bringen, immer besser kennen. Ich setzte mich sehr bewusst mit den Fragen meines Lebens auseinander, um schließlich herauszufinden, dass es sich bei diesen Fragen auch um die Kernfragen der Religion, zu der ich mich ganz natürlich hingezogen fühlte, handelte. Die theoretische buddhistische Philosophie könnte man gut und treffend als Philosophie des Lebens beschreiben, und so schuf die Beschäftigung mit ihr eine Basis für mein Herz und damit den Zugang zur Religion, zu ihrer Essenz. Instinktiv unternahm ich genau jene Schritte der theoretischen, philosophischen Annäherung, die auch in der traditionellen buddhistischen Ausbildung zur Anwendung kommen, um die Grundlage zu schaffen, tatsächlich praktizieren zu können, also die Theorie durch spirituelle Erfahrung zur Wirklichkeit werden zu lassen.

Was mich am Buddhismus faszinierte, war der zweistufige Zugang. Wir sind von Buddha dazu angehalten, *zu Beginn* alles zu überprüfen, nichts einfach nur zu übernehmen, und erst dann auf dieser Basis *aktiv* seinem Vorbild zu folgen. Dieser Zugang befriedigte meinen hungrigen Intellekt, der die Dinge nicht einfach reproduzieren, sondern ihnen auf den Grund gehen wollte. Dabei bleibt es aber nicht, er bildet nur den soliden Untergrund. Denn darauf aufbauend folgt der zweite Schritt: der devotionale Zugang, der in unseren Herzen Erfahrung und Reife in Kontrast zu intellektuellem Verständnis zu generieren imstande ist. Das heißt, dass wir durch Analyse Vertrauen in den Pfad Buddhas entwickeln, und dieses mit dem Entschluss, aus der Beobachterrolle herauszutreten, um die spirituellen Erfahrungen und letztendliche Verwirklichung des Zieles in unserem eigenen Herzen zu manifestieren. Vor kurzem gab ich ein ganzes Teaching zum Thema »Was macht uns zu Buddhisten«. Es ist nicht das unerlässliche Lesen, Sinnieren und Interpretieren. Wir sind keine Philosophen, die eine neue Denkschule außerhalb Asiens etablieren wollen, wir wollen dem Beispiel Buddhas folgen, und das bedeutet die absolute Bereitschaft, an uns selbst zu arbeiten, den festen Entschluss, selbst aktiv zu werden! Veränderung kommt nur durch unser Wollen und unsere Aktion. Wie werden wir aktiv? Indem wir uns Vertrauen, Hingabe zu Buddha, seinem Pfad und der Gemeinschaft der Praktizierenden erarbeiten, seinem Vorbild folgen und seine spezifischen Methoden anwenden, um unsere Herzessenz zum Funktionieren zu bringen.

Auf dieser Basis betreibe ich auch interreligiösen Austausch, weil ich fest davon überzeugt bin, dass alle Religionen das Ziel haben, uns zu einer Liebe zu führen, die altruistisch, rein und umfassend ist. Einzig die Mittel und Wege, dorthin zu kommen, sind verschieden. Ich möchte nicht missverstanden werden. Ich plädiere nicht für eine Einheitsreligion: ein bisschen hiervon, ein bisschen davon, alles in einen großen Zauberhut werfen, durchschütteln, noch ein bisschen unserer eigenen Beigaben zumengen, eine magische Formel hier, eine mystische Handbewegung da, und, Gott sei es geklagt, ein neuer religiöser Eintopf ist entstanden. Nein, für mich repräsentiert Religion weniger eine Institution als unseren Wunsch, uns mit uns selbst zu verbinden, wie die lateinische Wurzel des Wortes uns lehrt: religare, sich (zurück)verbinden.

Überdies bin ich davon überzeugt, dass das Vorhandensein einer so großen Anzahl spiritueller Traditionen bis in die Gegenwart ein Indiz dafür ist, dass sie den Menschen Gutes sowohl im Weltlichen, vor allem aber Geistlichen tun. Ich verschließe meine Augen dabei nicht vor den vielen Verbrechen, die im Namen der Religion von Menschen verübt wurden und immer noch werden, im Gegenteil bitte ich alle spirituellen Lehrer und Vorbilder, ihren Gläubigen die Grundwerte der eigenen Religion nicht nur nahezubringen, sondern fest in ihre Herzen einzupflanzen: Der Islam ist der Weg zum Frieden, das Christentum hat Nächstenliebe als sein höchstes Ziel, das Judentum spricht von der Einheit der Menschen mit Gott, wir Buddhisten wollen unsere Herzessenz erwecken, um aller Wesen Herzessenz zur Blüte zu bringen. Viele Worte und Begrifflichkeiten für dasselbe Ziel des Einswerdens mit unerschütterlicher, vollkommen reiner Liebe. Ich bin fest davon überzeugt, dass es keiner neuen Strömungen bedarf. Die vorhandenen Religionen bergen all den Reichtum, so viele wunderbare Methoden für die Suchenden dieser Welt, an ihr Ziel zu gelangen.

Die Esoterikwelle zeigt uns täglich, dass ein gnadenlos überwürzter Eintopf aller Möglichkeiten nur noch mehr Verwirrung in den Herzen der Menschen stiftet. Es ist wie ein opulentes Festmahl: eine nicht enden wollende Anzahl an Speisen und Getränken, die wir nach eigenem Gutdünken wild durcheinander konsumieren, um am Ende mit Magenschmerzen unbeweglich erst recht auf die Hilfe anderer angewiesen zu sein. Spiritualität ist kein Supermarkt! Esoterik ist eine Geschäftsidee, die auf dem Prinzip Leistung-Gegenleistung funktioniert. Der Konsumierende bezahlt und bekommt dafür eine gewisse, absehbare Leistung. Diese Haltung schlägt mir immer wieder entgegen. Menschen, die mich aufsuchen und freiwillig eine wie auch immer geartete Zuwendung darbringen, erwarten eine sehr spezifische Gegenleistung von mir, zumeist eigentlich nur die Bestätigung, dass sie mit ihren Ideen und Vorstellungen recht haben. Sie suchen eine Art Absolution. Spirituelle Lehrer sind aber nicht dazu da, uns in der Verwirrung unseres Herzens zu bestätigen. Ein guter, echter Lehrer sieht, welche Mittel notwendig sind, Verblendungen mittels geeigneter Methoden aufzulösen. Spirituelle Lehrer stehen in einer lebendigen Tradition, die in der Vergangenheit viele Heilige hervorbrachte und dasselbe im Herz jedes ehrlich suchenden Individuums jederzeit manifestieren kann.

Denn eine lebendige Linie ist dazu imstande! Selbstgemachte Wahrheiten sind es nicht. Ich selbst zum Beispiel bin Teil einer solchen Linie, gemäß meiner spirituellen Kapazität. Die Linie ist lebendig, weil sie bis zum heutigen Tage mit all ihren Übertragungen nicht nur praktiziert wurde, sondern dasselbe Ergebnis der Unveränderlichkeit allmächtiger Liebe, wie sie uns Buddha Shakyamuni offenbarte, durch die Methoden und Übertragungen, die ohne Unterbrechung bis in die Gegenwart erhalten blieben, in den Herzen jener, die sie anwenden, hervorbringt.

Ohne die spirituelle Praxis derselben Linie, die ich anwende und die mein Herz zu dem wachsen ließ, das es jetzt ist, bin ich die Tochter meiner Mutter. Mit der Linie bin ich ein kleiner Teil lebendiger Wahrheit. Es ist nicht »künstliche« Loyalität, wenn ich von Linie und Tradition spreche. Ich sehe sie wie eine bunte Blumenwiese, die die unterschiedlichsten Blumen hervorbringt, weil alle Voraussetzungen dazu vorhanden sind: intakte Wurzeln, gute Erde, Nährstoffe, Wasser, Sonne. Ohne Wurzeln entstehen keine Blumen, ohne geeignete Erde kann aus den Wurzeln nichts entstehen, ohne Nährstoffe, Wasser und Sonne werden die unterschiedlichen Blumen nicht zu ihrer vollen Pracht erwachsen können. Ohne die Symbiose verschiedener Pflanzen und Konditionen entstehen Ungleichgewichte und Fehlwüchse. Teil einer Linie zu sein ist, wie eine der vielen verschiedenen Blumen auf einer Wiese zu sein: lebendig, ständig wachsend, aber alles andere als schnöde Theorie.

Deshalb spreche ich von einer Tradition, in der wir »zu Hause« sind. Und von aufrichtigem Respekt gegenüber den anderen Traditionen, der ein Nebenprodukt unserer spirituellen Praxis ist, die ja dazu dient, unser Herz zu öffnen, und nicht, es noch mehr zu versteinern! Im Buddhismus sehen wir das so: Die Menschen mit ihren Fähigkeiten, Möglichkeiten, Vorlieben sind so zahlreich wie mannigfaltig, dass ihr Wunsch nach Spiritualität in einer Religionspluralität zum Ausdruck kommt. Im Respekt vor allem Leben haben wir also natürlich auch Respekt vor den Meinungen und Bedürfnissen anderer. Einmal, in einer interreligiösen Begegnung, wollte mich ein Gesprächspartner partout davon überzeugen, dass seine Religion die einzig wahre sei. So entgegnete ich meinem Gegenüber: »Wenn alles ein Produkt der Schöpfung ist, so ist Religionsvielfalt ein ebenso gewollter Akt genau dieser Schöpfung.«

Ich freue mich über Entschlossenheit, da sie den Menschen Halt gibt, aber ich lehne jeglichen Fanatismus ab, da er sich an äußeren Paradigmen anstatt der eigenen spirituellen Entwicklung festklammert, dadurch den Menschen Schaden zufügt und somit gleich alle Religionen unisono in Misskredit bringt.

Im Jahr meines Universitätsabschlusses, im Sommer 1995, um genau zu sein, nahm mein Leben eine erste Wendung. All die Fragen, die mich so lange gequält hatten, all die Antworten, die ich erhalten hatte, mein ganzes Leben begann, einer Lösung entgegenzusteuern, und gipfelte in dem Entschluss: Ich wollte, ich konnte nicht weitermachen wie bisher, zerrissen von dieser inneren Sehnsucht, gefangen in Oberflächlichkeit. Ich besuchte Seminare, Vorlesungen, schrieb Arbeiten zu den Seminarthemen, hielt Referate, absolvierte Prüfungen sowohl schriftlich als auch mündlich. Aber das, was ich von der Universität erwartet oder erhofft hatte, Zugang zur wirklichen Weisheit meiner Seele zu erhalten, entpuppte sich als Illusion. Ich fühlte mich ähnlich wie bei meinem Eintritt in die Schule – war ich zuvor voller Wissensdrang gewesen, so befiel mich schnell die Enttäuschung über den ritualisierten, oberflächlichen Schulbetrieb. Ich verlor jegliches Interesse an den Themen, die gelehrt wurden, und wollte die Institution nur so schnell wie möglich verlassen. Nochmals gab ich mir also einen Ruck und unternahm einen weiteren Schritt: Ich wollte den wichtigen Dingen einen Platz in meinem Leben einräumen. In mir war der Entschluss gereift: Ich wollte Buddhas Vorbild folgen, in der sehnsüchtigen Hoffnung, dort all die noch offenen Fragen, die mich zeit meines Lebens geplagt hatten, *selbst* beantworten zu können.

Ich war damals noch nicht verheiratet, aber noch immer mit dem Mann, der mich Jahre zuvor mit den Lehren des Buddhismus in Verbindung gebracht hatte, liiert. Ich hatte fünf Jahre lang alles aus der Distanz überprüft und war mir so sicher wie selten zuvor, dass »es« jetzt passieren müsse. Das Versprechen, von nun an dem Pfad Buddhas zu folgen, nahm mir jener Lehrer ab, dem ich Jahre zuvor in München begegnet war. Es war der Sommer 1995, er lehrte gerade wie üblich einmal jährlich in einem kleinen Ort an der deutsch-französischen Grenze, und mit mir taten viele Menschen zu Ende der einwöchigen Veranstaltung denselben Schritt der sogenannten Zuflucht zu Buddha, seinem Weg und seiner Gemeinschaft, den formellen Akt, der uns spirituell und zeremoniell zum Buddhisten macht. Zum ersten Mal in meinem Leben fühlte ich mich danach nicht mehr wie im freien Fall, sondern sicher, geborgen, angekommen. Ich hatte meinen Platz im Abteil eines Zuges, der mich zu mir selbst führen würde, eingenommen, wohl noch ein wenig unbeholfen, aber voll Zuversicht, und konnte nun der Destination meiner Seele entgegenfahren. Ich fühlte mich aufgehoben, und die Gewissheit, meine weitläufige Familie gefunden zu haben, gab mir neuen Auftrieb, nahm mir den größten Druck all der schmerzhaften Jahre meines Heranwachsens, während deren ich meine Heimat so verzweifelt gesucht, aber nie gefunden hatte. Genau dieser Lehrer machte mich kurze Zeit später mit meinem tatsächlichen Wurzellehrer bekannt. Er fädelte das folgendermaßen ein: Ich hatte in den vergangenen fünf Jahren nebst meinen journalistischen und PR-Aktivitäten intensiv als Fotografin gearbeitet und meinem Zufluchtslehrer immer wieder Kostproben meiner Arbeit zukommen lassen. Nun sagte er zu mir ganz lapidar: »Tai Situ Rinpoche needs really good photos.«

Ohne jegliche Vorahnung also, dem Wunsch meines Zufluchtslehrers folgend, befand ich mich daraufhin mit meinem Freund im Herbst 1995 auf dem Weg in ein entlegenes Zentrum in der süddeutschen Provinz, das Tai Situ Rinpoche, den zu fotografieren ich gebeten worden war, gerade besuchte. Es war ein Horrortrip mit fünfzehn Kilogramm Foto-Equipment, Stativen, Blitzanlage, Schirmen, Reflektoren, sechs Mal umsteigen mitten in der Nacht. An Schlaf war nicht zu denken, denn jedes Mal, wenn ich ein wenig eingenickt war, mussten wir schon wieder umsteigen, außerdem musste einer von uns immer ein Auge auf das Equipment haben. Irgendwie kamen wir schließlich doch an einem verschlafenen Provinzbahnhof an und riefen in dem Zentrum an, von wo man uns einen Fahrer schicken wollte, um uns abzuholen. Nach einer weiteren

Stunde Fahrt, während der wir wohl ein wenig schliefen, kamen wir zu Tode erschöpft in dem Zentrum an und mussten sofort mit dem Shooting beginnen.

Wir wurden in ein Zimmer geführt, ohne uns vorher auch nur die Zähne putzen oder uns ein bisschen restaurieren zu können. Schlaftrunken und ziemlich zerbeult bauten wir also die Anlage auf und bastelten Zusatzreflektoren aus Alufolie, um die wir den Koch des Zentrums noch schnell gebeten hatten, nahmen Lichtstunts und waren somit einigermaßen bereit.

Nachdem all die Vorbereitungen endlich abgeschlossen waren, bat schließlich der Privatsekretär Tai Situ Rinpoche in den Raum. Wie eine Sonne, die plötzlich den trüben Tag erhellte, erschien Rinpoche. Er lächelte, sein Antlitz erschien streng, über die Ränder seiner messingfarbenen Brille blickte er aber zugleich voll unbeschreiblicher Liebe, die das ganze Zimmer erfüllte, und schaute mir dabei tief in die Augen. Rinpoche war damals Anfang vierzig, von stattlicher Statur, aber für westliche Verhältnisse doch eher klein, was allerdings nicht auffällt und tatsächlich nur dann zum Tragen kommt, wenn er vor einem steht, denn sein Herz hat die Kraft unzähliger Armeen der hünenhaftesten Wesen, die wir uns nur erträumen können. Er trug die Robe eines voll ordinierten Mönches – einen weinroten, bodenlangen »Rock«, ein gelbes ärmelloses Hemd mit einer roten ärmellosen Jacke darüber und einen langen Umhang oder Schal, der seine Schultern bedeckte. Sein Haar war kurzgeschoren, er trug einen alten Rosenkranz um sein Handgelenk gewickelt, der, wie ich viel später erfuhr, schon von seinen Vorgängern verwendet worden war, bis hin zum achten Tai Situ Rinpoche, der im 18. Jahrhundert das Palpung-Kloster in Tibet gegründet hatte. Die jetzige Inkarnation ist die zwölfte, und außer dem Rosenkranz kamen seit der Flucht aus Tibet nur wenige Gegenstände aus dem Besitz der Vorgänger bis nach Indien mit.

Ich tauchte in eine andere Welt ein, eine Welt der Vertrautheit, Geborgenheit, frei von Sorgen, Zweifeln, gedanklichen Verwirrungen, aber voller Liebe, Freiheit, Verbundenheit, intimer Intensität. Es war, als begegnete ich plötzlich einer Klarheit, Direktheit und Stärke, die ich bis dahin in diesem Ausmaß nicht gekannt hatte: Dieselbe Kraft, die ich mein ganzes Leben lang in mir zum Erlöschen bringen wollte, weil ich nicht mit ihr umgehen konnte, stand mir jetzt geballt und um ein Vielfaches verstärkt gegenüber und strahlte einfach, als ob es das Natürlichste der Welt wäre. Etwas, vor dem man sich weder verstecken noch es loswerden, sondern einfach in ihm verweilen müsse.

Ich hatte in nur einem einzigen Moment in Tai Situ Rinpoche »meinen« Lehrer gefunden, mein Herz rief wie wild vor Freude, wollte zerspringen in Dankbarkeit ob der Tatsache, dass ich endlich jene Schlüsselperson gefunden hatte, die mich lehren sollte, wie ich das Tor in meinem eigenen Herzen vollständig öffnen könne, um in den Garten meines inneren Paradieses vorzudringen. All die Jahre des alleingelassenen Suchens waren weggewischt, und die Erleichterung, unendliche Freude, nun das, was ich wie von

Sinnen mein ganzes Leben lang gesucht hatte, tatsächlich erfahren zu dürfen, erfüllte mich vollständig, durchdrang jede Pore meines Daseins. Die offizielle Frage, die wir traditionell dem Lehrer stellen müssen, von dem wir geführt werden wollen, ob er uns als Schüler akzeptiert, fixiert die Verbindung und macht sie damit offiziell. Denn selbst, wenn wir wie ich derart überwältigt sind, würde ohne unseren ausdrücklichen Auftrag der Lehrer niemals aktiv werden. Ich stellte diese Frage Tai Situ Rinpoche erst einige Zeit später in Indien in seinem Kloster, Palpung Sherab Ling. Damals, in jenem kleinen Zentrum, war es einfach wie ein Siegel der Gewissheit, das meine Seele erfüllte, wie ein unsichtbares Band, das unsere Herzen von nun an inoffiziell verband. Ich wartete nur noch auf den Startschuss, um tatsächlich loslegen zu können auf meinem persönlichen Pfad des Erwachens.

Es ist, von außen betrachtet, schwer zu beschreiben und noch viel schwerer zu erklären, was diese unzerstörbare Gewissheit in mir entstehen ließ. Rein sachlich gesehen, ist Rinpoche, was in etwa so viel bedeutet wie Wertvoller, Kostbarer, »eine von vielen Möglichkeiten«, einer der höchsten Lehrer unserer Linie und von immenser Bedeutung für den gesamten Buddhismus, was ich damals weder wusste noch dass es mich interessiert hätte. Sein klösterlicher Sitz in Tibet war dreihundert Jahre lang der Inbegriff »buddhistischer Ökumene« oder Rime (tibetisch, bedeutet unvoreingenommen, ohne Begrenzung) und Freigeistes, von Spiritualität sowie Kultur. Es wurden alle Traditionen des Buddhismus gelehrt und praktiziert, ebenso wie im späteren Kloster im indischen Exil, meinem Stammkloster, das knapp eintausend Mönche beherbergt und alle Aspekte klösterlichen sowie kulturellen Erbes umfasst. Letzteres ist in meinen Augen, besonders für uns hier im sogenannten Westen, wo der Buddhismus keine Mehrheitsreligion ist, ein besonders wichtiger Punkt: Wir müssen verstehen, dass Kultur und spirituelle Tradition zwei verschiedene Bereiche sind, die zwar oft durch die Geschichte miteinander stark verwoben sind, aber dennoch eigenständig existieren. Immer wieder begegne ich Menschen, die glauben, dass sie, sobald sie eine spirituelle Tradition übernehmen, automatisch auch die Kultur des Ursprungslandes übernehmen müssten. Dass das nicht möglich und auch in keiner Weise erstrebenswert oder vorgesehen ist, sehen wir vielleicht, wenn wir uns vor Augen führen, dass Jesus ja auch kein Italiener, Österreicher, Franzose oder Deutscher war, seine Lehre entstammt nicht der westlichen Hemisphäre. Trugen die Christen also die Brauchtümer der Zeit Jesu oder seine Lehren in die Gegenwart? Wir müssen hier ganz klar eine Linie zwischen Kultur und religiösem Ritual, das Bestandteil der spirituellen Tradition ist, ziehen, was uns als Anfängern sicherlich nicht leichtfallen wird. Also benötigen wir hier ebenso die Erklärungen und die Führung eines erfahrenen Lehrers, der uns Stück für Stück vorwärtsleitet.

Der Buddhismus entstand in Indien und breitete sich im Laufe der Zeit in verschiedenen angrenzenden und auch weiter entfernten Ländern mit anderer kultureller Prägung aus, anders gesagt, assimilierte sich in seinem neuen Umfeld, genauso wie das Christentum in unseren Breiten. Als der Buddhismus von Indien nach Tibet kam, wurden die Tibeter nicht die besseren Inder und begannen sich wie die Menschen Indiens zu kleiden – das wäre ihnen schlecht bekommen angesichts der extremen Witterungsbedingungen in den Bergen. Vielmehr kam, auf Wunsch des tibetischen Königs, die reine Lehre Buddhas nach Tibet und passte sich den dortigen Bedingungen an: Die Menschen trugen weiterhin ihre tibetische Kleidung, sprachen weiterhin ihre eigene Sprache, pflegten ihre Alltagskultur. Aber sie begannen ihr Leben nach den Prinzipien des Dharma, der Religion, zu leben, ihr Herz zu öffnen, wie der Buddhismus es lehrte, und so wurde er mit der Zeit ganz natürlich Teil ihres Alltags und ihrer Kultur. Niemand focht gegen bestehende Systeme, alles »passierte« als natürliche Entwicklung in der Zeit.

Das ist auch eine meiner wichtigsten Botschaften: Wenn wir Buddhisten werden wollen, müssen wir nicht die *äußeren* Aspekte unseres Lebens ändern, sondern die *inneren*, unser Herz soll transformiert werden, nicht unsere Erscheinungs- oder Umgangsformen. In unseren Breiten feiert man zum Beispiel Ostern und Weihnachten. Mal ehrlich: Wir alle wuchsen mit diesen Festen auf, aber für wie viele von uns war es ein religiöses Fest? Für die meisten von uns war es ein Familienfest, ein freudiges Zusammenkommen. Jesus erklärte seinen Anhängern nicht, dass sie bunt angemalte Eier verstecken oder einen schön geschmückten Nadelbaum zu seinem Geburtstagsfest errichten sollten. Das sind regionale Brauchtümer, die mit der Zeit Eingang in das religiöse Zeremoniell fanden und diese Feste bereicherten. Es tut niemandem weh, Grüß Gott zu sagen, Eier zu verstecken oder einen Weihnachtsbaum zu schmücken, wenn das landesüblich ist. So tun es auch wir Buddhisten. Wir müssen nicht gewaltsam neue Grußregeln erschaffen, um uns demonstrativ ins Abseits zu stellen. Wir Buddhisten wollen uns nicht abschotten oder abheben, indem wir diesen Teil unserer traditionellen Brauchtümer ablehnen, uns dagegenstellen. Wir machen mit! Wir feiern auch Weihnachten oder Ostern mit Hingabe, mit Mitgefühl, mit Bodhicitta. Wir wollen nicht anders sein, wir sind Europäer, Österreicher, Deutsche, Franzosen, alle mit unseren eigenen kleinen Unterschieden an der Oberfläche. Was uns aber verbindet, sind unser universelles Herz, unser Wunsch nach unumstößlicher Glückseligkeit und Zufriedenheit.

Palpung Sherab Ling, Inbegriff von Offenheit und Ökumene, mein Elternkloster und Sitz der Tai-Situ-Rinpoche-Inkarnationen außerhalb Tibets, ist kein großes Hippieland in wilder Vermischung der Möglichkeiten. Der gesamte Reichtum aller Traditionen ist dort erhalten und steht damit ehrlichen Herzen in seinen mannigfaltigen Facetten zur Verfügung. Was Palpung bedeutet, möchte ich kurz aus einer Videonachricht, die alle Palpung-Zentren anlässlich des Geburtstages von Tai Situ Rinpoche 2011 erhielten, exzerpieren: Die zwei tibetischen Silben »Pal« und »pung« bedeuten Aufschüttung, Anhäufung oder Wall alles Hervorragenden, all dessen, was gut, heilig, herausstechend und bedeutungsvoll in jeglicher Hinsicht und Möglichkeit ist, die durch die Menschheit durch Wissen und Weisheit entwickelt wurde, natürlich auch und besonders der Linie Buddhas. All das zusammengebracht, bewahrt und vielen Generationen der Zukunft zur Verfügung gestellt, ist Palpung, es ist der Inbegriff alles Hervorragenden des Theravada-, des Mahayana- und des Vajrayana-Buddhismus. Auf dem Gebiet des Wissens ist Palpung Kunst, Philosophie, Literatur, Wissenschaft, all diese Aspekte großen Wissens, das die Menschheit über viele, viele Hunderte Generationen entwickelte und zusammenbrachte.

Tai Situ Rinpoche, mein Lehrer, ist Abt des Klosters und höchstes Haupt der gesamten dazugehörigen Palpung-Kongregation, er ist das Oberhaupt dieser Tradition und zugleich aber auch eine der drei Schlüsselpersonen, deren Aufgabe es ist, den gesamten Reichtum der Karma-Kagyu-Tradition in die nächste Generation zu bringen und den Gyalwang Karmapa damit vollends auszufüllen. In dieser Inkarnation, wie in so vielen davor, ist er der Wurzelguru Seiner Heiligkeit Karmapas. Und er ist eine der wichtigsten Personen für den gesamten Buddhismus.

Ich suchte meinen Lehrer nicht nach intellektuellen oder äußeren Kriterien. Ich glaube, das ist eine wichtige Feststellung, weil mir immer wieder Menschen begegnen, die meine Schüler sein wollen, z. B. aufgrund der Tatsache, dass ich dieselbe Sprache wie sie spreche. Dann nehme ich sie an die Hand und radiere Stück für Stück mit ihnen gemeinsam diese Voreingenommenheit aus, um sie an die

Pforte ihres Herzens und später zu dessen Weisheit führen zu können. Genau dann entscheidet sich, wer ernsthaft an einer wirklichen Lehrer-Schüler-Beziehung interessiert ist oder wer ganz andere Vorhaben hegt.

Im Buddhismus unterscheiden wir grob drei Hauptrichtungen voneinander: der Hinayana- oder Theravada-, Mahayana- und Vajrayana-Buddhismus. Sehr stark vereinfacht ist der Lehrer im Hinayana der Mönch, der das gesamte Regelwerk beherrscht und in der Lage ist, dieses Rüstzeug der persönlichen Ethik anderen zu vermitteln. Der Lehrer des Mahayana hingegen ist der weise spirituelle Weggefährte, der sowohl die persönliche als auch die besondere Bodhisattva-Ethik mit ihrem gesamten Kanon verkörpert und zu vermitteln imstande ist. Ein Bodhisattva in Ausbildung, da streng genommen jemand erst ein Bodhisattva ist, wenn er einen sehr ausgeprägten Grad spiritueller Verwirklichung erreicht hat, ist, wiederum sehr stark vereinfacht, jemand, der nicht nur normales Mitgefühl praktiziert, sondern ein Gelübde ablegt, selbst so schnell wie möglich sein Herz zu vollständiger Blüte zu erwecken, mit dem alleinigen Ziel und Zweck, alle Wesen so schnell wie möglich dorthin zu führen. Ein Lehrer des Vajrayana ist jemand, der sowohl die persönliche als auch die besondere Bodhisattva-Ethik verkörpert und aufgrund seiner spirituellen Reife, die durch spezielle Meditationsmethoden erlangt wurde, dazu in der Lage und berechtigt ist, all das weiterzugeben.

Von der anderen Seite betrachtet ist ein Hinayana-Schüler jemand, dessen Hauptaugenmerk auf der persönlichen Ethik ruht. Ein Mahayana-Schüler erweitert die Essenz der persönlichen um die spezielle Ethik, und ein Vajrayana-Schüler vervollständigt die Essenz der persönlichen, gepaart mit der speziellen Ethik mit Hingabe oder besonderem Vertrauen, um die speziellen Meditationsmethoden tatsächlich praktizieren zu können. Das heißt auch, dass ein Schüler, der vielleicht anfangs nur den Willen und das Interesse zur persönlichen Ethik mitbringt, genauso wie ein Schüler, der persönliche und besondere Ethik praktizieren möchte, auch von einem Vajrayana-Lehrer betreut werden kann, weil dieser alle drei Wege zu lehren imstande und berechtigt ist.

Hingabe oder Vertrauen sind die wichtigsten Eigenschaften für die spirituelle Entwicklung und die Kehrseite von echtem Bodhisattva-Mitgefühl des Herzens. Als Einheit praktiziert, sind sie der Treibstoff, der unsere Herzessenz am effektivsten, schnellsten und umfassendsten zum Leuchten bringt. Vertrauen erarbeiten wir uns durch Analyse und Überprüfen. Ich habe schon oft Menschen beobachtet, die, bildlich gesprochen, den einen Fuß auf dem Gaspedal und den anderen auf der Bremse hatten und sich nicht von der Stelle bewegten, um dann fälschlicherweise zu dem Ergebnis zu kommen, dass der Buddhismus für sie eben einfach nicht funktioniere. Buddhist sein bedeutet, an sich zu arbeiten, den gleichen Zustand wie Buddha zu erlangen. Mein Lehrer ist mein Vorbild, genauso wie der Handlauf des Weges zu diesem Ziel, er ist Pfad und Resultat in einem. Er will nichts von mir außer meiner zunehmend unvoreingenommenen Ehrlichkeit, Offenheit und Bereitschaft, mein Herz zu entwickeln und leuchten zu lassen. Für mich ist mein Lehrer der Inbegriff gelebter, aktiver Weisheit und Gelehrsamkeit, all dessen, was es zu verwirklichen gibt, er ist der lebendige Buddha in Person, der den gleichen Zustand vollständiger Erleuchtung oder Blüte des eigenen Herzens wie einst der historische Buddha Shakyamuni vor 2500 Jahren verkörpert. Sein Körper ist menschlich und damit begrenzt, sein Geist jedoch jenseits jeglicher Begrenzung und damit vollkommen erhaben. Das perfekte Beispiel dessen, was wir alle, die wir uns Buddhisten nennen, erreichen wollen.

Und obwohl sich in jenem Zusammentreffen gerade mit Tai Situ Rinpoche die Weichen für mein weiteres Leben zu stellen begannen, war das Fotoshooting auch äußerlich sehr ungewöhnlich. Die Dinge passierten einfach ohne viel Zutun. Noch bevor eine gewisse Perspektive, von Pose kann man in diesem Zusammenhang wohl kaum sprechen, entstehen konnte, war Tai Situ Rinpoche schon voll in Position, wir arbeiteten wie ein lange eingespieltes Team. Später versuchte ich herauszufinden, warum das so war, und mein Lehrer gab mir die Antwort, dass Gesichter, Gestik und Mimik wirklich alles preisgeben. Je höher ein spiritueller Meister steht, desto bescheidener ist er, ganz im Gegensatz zur »normalen Welt« draußen: Wenn wir etwas erreicht haben oder zu einer Erkenntnis gekommen sind, dann fühlen wir uns über andere erhaben, prahlen mit unserem Wissen und Können, anstatt unserer Umwelt gegenüber dadurch noch verbundener, verantwortlicher, ergebener zu werden. Seine Heiligkeit Dalai Lama, höchstes spirituelles Oberhaupt aller tibetischen Buddhisten, sagt von sich selbst, er sei ein einfacher Mönch und Schüler Buddhas.

Jeder, der bei dem Shooting anwesend war, außer Tai Situ Rinpoche und mir, war erstaunt über die Vertrautheit zwischen uns. Ich fühlte mich wie auf Schienen, endlich auf dem sicheren Gleis, das mich ans Ziel bringen würde. Meine Rastlosigkeit und immerwährende Suche wurden vertauscht gegen einen sicheren Platz im Abteil, aus dessen Fenster ich die wunderbare Landschaft, zu deren Teil ich gerade wurde, erblicken konnte, ohne wie in meinem »früheren Leben« wie von nicht sichtbaren Geistern gequält, niemals zu mir finden zu können. Das Wochenende ging vorüber, wir kehrten zurück nach Wien, und ich begann sofort, nach weiteren Terminen und Zentren zu suchen, die Tai Situ Rinpoche besuchen würde, und wurde in anderen europäischen Städten und Ortschaften fündig. Die Veranstaltungen dauerten zum größten Teil zwei Tage, also war es mir gut möglich, so, wie ich früher mal schnell nach London zum Shopping geflitzt war, nun Sinnvolleres zu tun.

Ich hatte in meiner Laufbahn als Journalistin und Fotografin immer peinlichst darauf geachtet, niemals »Eigentum« eines Unternehmens zu werden, sondern immer Freelancer zu bleiben. So war es für mich kein Problem, Tai Situ Rinpoche, der gerade in Europa auf Lehrreise war und viele Zentren besuchte, nachzureisen. Ich nahm so viele Termine wahr wie möglich, um Belehrungen von ihm zu erhalten.

Diese Zeit war gekennzeichnet von einer besonderen Art Freiheit, die in meinem Herzen zu leuchten begann. Die Gewissheit, sich der essentiellen Dinge des Lebens Stück für Stück immer mehr anzunehmen, wuchs ebenso wie die langsame Einsicht, dass ich trotz all meiner Selbständigkeit niemals wirklich frei gewesen war, mir nur eine andere Art von Gefängnis als mein Umfeld gebaut hatte, das ich zunehmend auf den Kopf stellen würde. Doch noch hatte ich nicht den Anflug einer Idee, wie sich diese neue Richtung in meinem Leben manifestieren würde.

In der Nähe meines Gurus entstand auch mein Wunsch, ein Buch über unsere Linie zu schreiben. Ich wollte all den wunderbaren Reichtum an Weisheit und Liebe, die Linie, also den spirituellen Stammbaum, genauso ausführlich wie prägnant mit den Lebensgeschichten all unserer großen Heiligen der Vergangenheit und Gegenwart zusammentragen. In einem Zentrum in England, in dem Tai Situ Rinpoche zu dieser Zeit lehrte, trug ich diesen Plan gemeinsam mit meinem Freund seinem Privatsekretär vor, um eine erste Meinung einzuholen. Kurz darauf fanden wir uns vor meinem Guru wieder, um die Idee nochmals vorzutragen. Tai Situ Rinpoche fragte nach, hakte ein, wo Ungenauigkeiten bestanden, und gab sein Einverständnis gemeinsam mit seinem Segen. Ich stand, ohne es noch zu wissen, vor dem Tor in mein neues, vollkommen anderes Leben.

# Reisen besiegeln die Veränderung

Wie sich der Herbst den Wesen als ein Gemälde
So üppig und opulent schenkt,
Blätter in ihrer eigenen Melodie durch die Luft tanzen
Und dürre Bäume dem Ende des Jahres zuwinken.

Ist dieses Herz voll des Friedens,
All seinen kostbaren Glanz ausstrahlend;
So wertvoll, tief und still.

Für die Arbeit an meinem Buch, das schließlich den Titel »The Himalayas and Beyond – Karma Kagyu Monasteries in India and Nepal« tragen würde, unternahm ich viele Reisen nach Asien. Es war der Winter 1996/97, ich hatte gerade meinen Freund, mit dem ich schon seit vielen Jahren zusammenlebte, geheiratet, und wir waren auf dem Weg nach Sikkim, damit ich dort recherchieren konnte. Es war unsere Hochzeitsreise und mein persönlicher Auftakt für meine vielen weiteren, längeren wie kürzeren Aufenthalte in Klöstern unserer Linie. Unsere erste Station war Rumtek im indischen Bundesstaat Sikkim, das Kloster Seiner Heiligkeit Gyalwang Karmapas. Damals war Gyalwang Karmapa noch in Tibet in Tsurphu, von wo er im Jahr 2000 in einer kühnen, wagemutigen Aktion floh, um dem Druck der chinesischen Regierung zu entkommen, die von ihm verlangte, Seine Heiligkeit Dalai Lama öffentlich zu denunzieren. Überdies wollte er seinen Lehrern folgen, die in Indien Exil gefunden hatten, allen voran Tai Situ Rinpoche, um von ihnen die weitere Ausbildung zu erhalten. In Rumtek wohnte damals Gyaltsab Rinpoche, obwohl bereits sein eigenes Kloster, eine dreistündige Autofahrt entfernt, im Entstehen war. Viele Jahre hatten ihn Sponsoren bedrängt, ein eigenes Kloster zu errichten, boten ihm Land an, doch er entschied, dass es seine vorrangige Aufgabe war, den Sitz Gyalwang Karmapas zu betreuen. Erst 1988 schließlich wurde der Grundstein für sein eigenes Kloster gelegt. So pendelte Rinpoche von da an zwischen beiden Klöstern und war verantwortlich für beide.

Ich erinnere mich noch, dass wir vollkommen ahnungslos in den Klosterhof stolperten, den erstbesten Mönch ansprachen und ihn baten, uns eine Audienz bei Gyaltsab Rinpoche zu verschaffen. Doch wir ernteten nur erstaunte Blicke und Schulterzucken. Es dauerte einige Zeit, bis wir einen Mönch gefunden hatten, der ein paar Brocken Englisch verstand, uns jedoch wissen ließ, dass eine Audienz kaum stattfinden würde. Gyaltsab Rinpoche lebe sehr zurückgezogen, ständig in Meditation und Gebet. Umso erstaunter war die kleine Ansammlung von Mönchen unterschiedlichen Alters, die uns inzwischen entdeckt und freundlich-neugierig eingekreist hatte, als wir uns eine halbe Stunde später tatsächlich vor Gyaltsab Rinpoche wiederfanden. Die Audienz war kurz und prägnant. Er sprach kein überflüssiges Wort. Als ich sagte, dass mein Mann und ich uns auf Hochzeitsreise befänden, die ich dazu nutzte, an meinem Buch zu arbeiten, blickte er erfreut auf und ließ mich wissen, dass das sehr verheißungsvoll und segensreich wäre. Was das genau hieß, wusste ich damals natürlich noch nicht.

Rumtek wurde zum Hauptquartier für unser Vorhaben. Von dort aus erkundeten wir andere Klöster. Wir waren in einem Privathaus untergebracht, das mir ein tibetischer Freund vermittelt hatte. Es war keine Pension, sondern einfach das Haus seiner weitläufigeren Familie, die aus Tibet geflüchtet war. Sie nahmen uns sehr freundlich auf, die Frau des Hauses bekochte und umsorgte uns ausgiebig. Wir bekamen täglich im Hauptraum der Familie frische, selbstgemachte Butter sowie Joghurt, Milch von der eigenen Kuh, Eier der eigenen Hennen, indische Marmelade, die nur hohen Gästen vorbehalten war, mit Brotfladen. Als zweite Mahlzeit – die dritte ließen wir meist aufgrund der Unmengen, die man uns kredenzte, aus – erhielten wir Reis mit Gemüse in allen Variationen.

Jeden Tag besuchten wir die nahe gelegenen Klöster, die zu unserer Linie gehören. Die drei Klöster, jenes in Podang, ebenso wie das alte Ralang und das alte Rumtek, das der 16. Karmapa nach seiner Flucht aus Tibet bezog und darauffolgend das neue Rumtek etablierte, wurden auf Einladung des Königs von Sikkim, der Karmapa dafür Land darbrachte, schon vom 9. Karmapa gegründet. Ich erfuhr auch, dass schon Alexandra David-Néel, eine bekannte Reiseschriftstellerin, die im 19. Jahrhundert als erste Frau verkleidet nach Tibet gekommen war und dort einige wichtige spirituelle Unterweisungen erhalten hatte, hier Halt gemacht hatte. Diese Information heizte die Abenteuerlust, die ohnehin schon in mir steckte, noch weiter an. Mein Lehrer ermutigte mich im Zuge der Arbeit am Buch, wie Alexandra David-Néel auf eine »Forschungsreise« zu gehen.

In Rumtek fühlte ich mich sehr wohl. Allabendlich ging ich zur Mahakala Puja in den Schreinraum, setzte mich, nachdem ich alle Fotos aufgenommen hatte, die ich brauchte, in die letzte Reihe der betenden Mönche und war »mit dabei«. Mein Ehemann hielt sich lieber draußen auf. Er vertrug die kraftvolle, aufgeladene Atmosphäre nicht. Ich verbrachte viel Zeit in den Zimmern der Mönche, die zur Shedra, der Klosteruniversität, gehörten. Mit ihnen hatte ich auf Anhieb Freundschaft geschlossen und ließ mir von ihnen verborgene Plätze zeigen und Geschichten erzählen. Ich genoss ihre Gegenwart sehr. Anders als die anderen Tibeter, die nur ungern Informationen preiszugeben schienen, beantworteten sie alle Fragen, die ich stellte, bereitwillig.

Hatte ich im »normalen« Leben draußen immer Schwierigkeiten gehabt, Freundschaften zu schließen, so fiel es mir hier ganz leicht. »Draußen« war ich immer Außenseiter gewesen, doch hier fühlte ich mich plötzlich angenommen und heimisch. Und bis heute habe ich zwar viele Bekannte und Menschen um mich herum, aber nur einen wirklichen Freund, der mich durch und durch kennt und mit dem ich tief verbunden bin. Die Mönche nahmen mich in ihren inneren Kreis auf, versorgten mich mit allem, was ich brauchte oder von dem sie glaubten, dass ich es gern hätte. Die Tatsache, dass ich eine Frau war, spielte keine Rolle, vielleicht auch deshalb, weil ich 1,85 Meter groß bin und so in Asien prinzipiell, vor allem seit ich die Robe trage, als Mann angesprochen und oftmals auch bestaunt werde. Ich hatte noch nie zuvor so viel offenes Entgegenkommen von Menschen erfahren, die ich überhaupt nicht kannte. Ich war im Begriff, ganz spontan und natürlich Teil dieser Familie zu werden. Und als ich ein Jahr später allein wiederkam, hatte sich daran nichts geändert, im Gegenteil: Einer meiner neuen Freunde aus dem Kloster ging mit mir gemeinsam auf Reisen und half mir, wo er konnte. So gelangte ich auch an äußerst rare Fotos – etwa durfte ich, während Gyaltsab Rinpoche eine höhere Klasse in Philosophie lehrte, fotografieren. So entstand eines meiner liebsten Fotos – Rinpoche selbst beim Lehren in kleinster Runde, so wie ihn seine Studenten täglich sahen. Er beeindruckte mich zunehmend. Mit seiner Hilfe reisten wir, mein Mann und ich, zu allen Klöstern, die auf meiner Liste standen, und ich befragte die dort ansässigen Rinpoches nach ihrer Geschichte. So kam ich auch nach Ralang, Gyaltsab Rinpoches eigenem Kloster, das idyllisch zwischen hohen Bergen eingebettet liegt, weshalb das Klima dort um einiges rauer ist. Auf dem Weg dorthin machten wir bei einem Bon-Kloster Halt und wurden vom Linienhalter persönlich empfangen und zum Tee eingeladen.

Um nach Ralang zu kommen, mussten wir Ravangla durchqueren, den wohl schlimmsten indischen Ort, den ich je gesehen habe. Unzählige Schnapsbuden, kein einziger normaler Laden. Viele Lkws machten hier Halt, ihre Fahrer, alles Männer, waren schon in der Früh stockbetrunken. Da es bereits spät war, mussten wir dort in einem fürchterlich heruntergekommenen Hotel übernachten, das wir uns mit den Fernfahrern teilten. Als wir am nächsten Tag im Morgengrauen den Platz des Grauens verließen, waren wir froh, nun endlich in sichere Gefilde zu kommen.

Das neue Kloster war damals noch fast menschenleer, die ersten Mönche waren gerade eingezogen, um die Beendigung des Baus zu beaufsichtigen und die Übersiedlung für den Rest ihrer Brüder vorzubereiten. Bei meinem nächsten Trip nach Ralang im darauffolgenden Jahr, den ich mit einem meiner Mönchsfreunde aus Rumtek, einem gebürtigen Bhutanesen, unternahm, war mein Aufenthalt schon viel familiärer. Ich verbrachte die meiste Zeit in der Küche, die ein ebenfalls bhutanesischer Mönch führte und wo sich alle Landsleute am liebsten trafen, bekam zum ersten Mal roten Reis serviert und machte Bekanntschaft mit Chili, das dort wie Gemüse oder einfach auch als Snack in rauen Mengen zu jeder Tages- und Nachtzeit genossen wird. Bei meinem zweiten Besuch war auch Gyaltsab Rinpoche im Kloster, und ich traf ihn zu einem persönlichen Gespräch, noch in Zivil, aber bereits mit ganz kurz geschnittenem Haar und Jeans. Wegen meiner Größe fragte Rinpoche den Mönch, der mich begleitete, ob ich »Mädchen oder Junge« sei, und durchleuchtete mein Herz vollständig, um mich »wirklich« zu sehen. Sogleich veranlasste er unsere Unterbringung, und so fand ich mich mit meinem Freund gemeinsam in einem Raum in einem noch gänzlich unbewohnten Trakt des Klosters in einem hohen Gästen vorbehaltenen, großen Zimmer mit angeschlossenem Bad. Wir wurden einfach beide wie Geschwister in Robe behandelt und fühlten uns auch so.

Diese erste Reise nach Ralang fiel eher kurz aus, ich musste schauen, dass ich weiterkam, um vor meiner Rückreise noch alle Klöster besuchen zu können. Damals konnte man noch nicht im Internet recherchieren, alle Informationen musste man in der guten alten Art vor Ort recherchieren. Erst später kaufte ich einen Minicomputer, auf dem ich die letzten Kapitel meines Buches und auch andere Arbeiten und Artikel schrieb. Doch noch war das Recherchieren ziemlich schwierig, denn abgesehen davon, dass Tibeter Menschen, die sie nicht kennen, nur sehr spärlich mit Informationen versehen, während sie untereinander die größten Tratschtanten und -onkel sind, kamen erschwerend die Sprachbarriere und unser Zeitdruck hinzu. Doch ich war fest entschlossen, nicht lockerzulassen, bis ich alles, was ich brauchte, erhalten hatte.

Die Reisebedingungen waren recht beschwerlich: Die schlechten Straßen und der eigenwillige, indische Fahrstil machten mir wirklich zu schaffen Als mein Unwohlsein seinen Höhepunkt erreicht hatte, kamen mein Mann und ich gerade im Kloster von Bokar Rinpoche in Mirik, das in einem Gurkha-Kampfgebiet liegt, an. Man hatte uns empfohlen, uns nur mit Polizeischutz fortzubewegen, doch das wollte ich nicht. So reisten wir wie bisher mit einem Fahrer, trotz des Protestes unserer befreundeten Mönche, die sich große Sorgen um uns machten. Wir schwindelten uns mit dem Segen unserer Lehrer an Barrieren und Barrikaden vorbei, bis wir endlich im Kloster ankamen. Die Mönche, die mich sahen, waren alle fasziniert von meiner Größe und begannen zu tuscheln, dass ich es in Sachen Größe mit einem ihrer Lamas aufnehmen und den direkten Vergleich mit ihm antreten solle. Er war ein Khampa, stammte also aus Kham, einem Gebiet in Osttibet, das bekannt ist für seine hünenhaften, verwegenen und starken Einwohner. Er war wirklich riesig, gewann jedoch unseren Wettstreit sehr zur Freude aller Mönche, die sich inzwischen angesammelt hatten, nur um Haaresbreite.

Bokar Rinpoche, der sich gerade in einem einwöchigen Ritual befand, empfing uns in einer Pause. Ich sah hundeelend aus, ganz grün im Gesicht, schwach und fühlte mich grässlich, stellte aber alle Fragen, die ich stellen wollte. Bokar Rinpoche, der ganz offensichtlich sah, wie schlecht es mir ging, antwortete mir liebevoll und sehr ausführlich mittels seines Khenpos, der übersetzte. Zum Ende der Audienz übergab er mir ein Bund wilder Bananen, die auf seinem Schrein gelegen hatten und Teil des Rituals gewesen waren, und forderte mich auf, diese zu verzehren. Doch mir wurde schon beim Anblick von Essen übel, und ich hatte Mühe, mich zu beherrschen. Mein Unwohlsein war, während wir in der klostereigenen Küche auf die bevorstehende Audienz gewartet hatten, noch gesteigert worden, als mich der Koch zu einem Glas Buttertee überredet hatte, das die Heilung für Magenbeschwerden sei. Doch ich hatte die wenigen Schlucke wieder hervorgebracht und konnte ihn, da er sich nicht durch Worte überzeugen ließ, so eines Besseren belehren.

Als mir nun, nachdem ich schon mehrere Tage keine Nahrung mehr zu mir genommen hatte, Bokar Rinpoche die Bananen so liebevoll überreichte, vertraute ich auf seine Weisheit und aß die kleinen Früchte. Sie hatten ganz braune Schalen und große Kerne in der Frucht. Ich behielt sie tatsächlich bei mir und hatte meine Magenverstimmung damit überwunden. Bokar Rinpoche hatte mit seiner Weisheit sowohl meinen Körper als auch mein Herz geheilt, und so konnten wir nach einem mehrtägigen Aufenthalt unsere Reise, während der wir jede Nacht wach lagen, da sich Straßenhunde im gesamten Umfeld die wildesten Kämpfe, oft mit tödlichem Ausgang, lieferten, tatsächlich problemlos fortsetzen.

Gyaltsab Rinpoche hatte uns einen Brief mitgegeben, in dem er die Klöster, die ich noch besuchen wollte, bat, uns mit allem, was wir benötigten, zu unterstützen, inklusive Quartier. So machten wir uns auf den Weg nach Sonada, zu Kalu Rinpoches Kloster. Es war verwaist, da Kalu Rinpoche das Zeitliche gesegnet hatte und die Reinkarnation gerade erst sechs Jahre alt war, also noch nicht in der Lage, die Angelegenheiten selbst in die Hand zu nehmen. In Salughara trafen wir die junge Inkarnation Kalu Rinpoches, eine quirliges Kind, voller Tatendrang und Flausen im Kopf. Ich mochte seine helle, aufgeweckte, dennoch tiefe und direkte Art, mich anzuschauen und zu sein. Seine Eltern luden uns zum Essen ein, und während wir aßen und uns unterhielten, lugte der junge Rinpoche hinter der Tür hervor und beobachtete mich heimlich.

So war meine Hochzeitsreise geprägt von der tieferen Auseinandersetzung meines Herzens mit meinem Verstand. Doch etwas in mir war in Bewegung gekommen, eine Entwicklung, die, allen Versuchen des Verstandes zum Trotz, nichts und niemand mehr aufhalten konnte. Hatte ich zwischen zwanzig und fünfundzwanzig immer noch geglaubt, es irgendwie wie alle anderen zu schaffen, ein Leben zu führen wie eben alle anderen auch, wurde mir nun immer klarer, dass ich diesem Selbstbetrug nicht mehr allzu lange standhalten konnte. Im Nachhinein betrachtet war es eine Übergangszeit, ich war im Begriff, eine Schwelle zu überschreiten. So lebte ich in gewisser Weise ein Doppelleben – war nach wie vor journalistisch tätig, mein Enthusiasmus, mein Einsatz allerdings war bei der Arbeit am Buch, ich begab mich voller Elan in diese heilige Sphäre, die meine neue Welt werden sollte.

Meine nächste Reise führte mich nach Nepal, im Winter 1997/98. Mein Ehemann begleitete mich abermals, ich hatte den Auftrag, für eine österreichische Tageszeitung und eine weitere Publikation über die Inthronisationsfeier Dilgo Khyentse Rinpoches zu berichten. Khyentse Rinpoches vorherige Inkarnation war einer der hervorragendsten Meister des 20. Jahrhunderts. Er war vollkommen unvoreingenommen gegenüber allen spirituellen Traditionen und ein großartiger Gelehrter, Heiliger und Poet, mit einer außergewöhnlichen Biographie. Mit fünfzehn Jahren begab er sich in eine dreizehn Jahre dauernde Klausur, während der er in abgeschiedenen Einsiedeleien, unter Felsen und in Höhlen in vollkommener Stille praktizierte. In den 1950er Jahren floh er aus Tibet nach Bhutan und etablierte 1980 seinen Sitz im Exil, im Shechen-Kloster, in der nepalesischen Hauptstadt Kathmandu. 1991 starb er. Seine Reinkarnation wurde 1993 in Nepal geboren und sollte im Winter 1996/97 offiziell inthronisiert werden.

Es war eines dieser Jahrhundertereignisse, zu denen Menschen aus aller Welt strömen. Tausende versuchten, einen Platz im Innenhof des Klosters, das festlich geschmückt war, zu ergattern, was aber nur angemeldeten und speziellen Gästen vorbehalten war. Für alle anderen wurden die Feierlichkeiten mittels Monitoren nach außen übertragen. Eine Handvoll ausgesuchter Gäste durfte sogar im Haupttempel an den Zeremonien teilnehmen. Jeder Besucher erhielt je nach Status eine Schleife, die man für die Dauer der Feierlichkeiten tragen musste, um es den Sicherheitsorganen leichter zu machen, das bunte Chaos der Gläubigen in Schach zu halten. Denn Tibeter sind bei aller Frömmigkeit wahre Meister des Drängelns und Schubsens, wenn es darum geht, den Segen eines hohen Meisters zu erhalten.

Die Festgäste trudelten scharenweise ein, und je näher der Beginn der Zeremonie rückte, desto mehr hochrangige Gäste erschienen. Unter den 15 000 Menschen befanden sich Mitglieder der königlichen Familie von Bhutan ebenso wie der Schauspieler Richard Gere. Die eigentliche

Inthronisation dauerte einen Tag, wohingegen die Feierlichkeiten um die Wiedereinsetzung ganze vier Tage anhielten. Einige Gäste bekamen in dieser Zeit die Möglichkeit, bei Yangsi (neue Inkarnation) Rinpoche eine kurze Audienz und seinen persönlichen Segen zu erhalten, so auch ich. Dieses Treffen blieb mir tief im Gedächtnis. Der junge, vierjährige Rinpoche segnete mich, aber nicht wie alle anderen auch, sondern mit einer für ein Kleinkind unerwartet gewaltigen Kraft, sodass seine Mönche, erstaunt über das Maß an Energie, die er mir gegenüber offenbarte, ihn auffordern mussten, mich nochmals und sanft, so wie alle anderen Pilger, zu segnen.

Am folgenden Tag war ich dann tatsächlich zum richtigen Zeitpunkt am richtigen Ort. In einem abgelegenen Teil des Klosters, der nicht öffentlich zugänglich war, stolperte ich, wie immer mit meinen Kameras bewaffnet, in einen Schreinraum, in dem Rinpoche, auf dem Arm seines Attendants, mich breit angrinste und willkommen hieß. So konnte ich wirklich intime und nahe Aufnahmen von ihm im kleinsten Kreis seiner Vertrauten machen, die mir im Tempelinneren während der Zeremonie nie gelungen wären. Er hatte mir auf seine Art und Weise einen speziellen Termin eingeräumt.

Nach der Feier flog mein Mann wieder nach Hause. Er transportierte das Reportagematerial, die Filme und Aufzeichnungen, um sie für mich den Zeitungen zu übermitteln, für die ich berichten sollte. Als wir uns auf dem Flughafen von Kathmandu verabschiedeten, wurde uns schlagartig klar: »Das war's.« Später erzählte er mir, dass er in diesem Moment wusste, dass unser gemeinsames Leben, wie es bis dahin ausgesehen hatte, nun zu Ende und unsere Trennung unausweichlich war. Ich weiß nicht, warum er das damals schon wusste, vielleicht war es unsere langjährige Verbundenheit, während der Partner eine Art stiller, nonverbaler Kommunikation entwickeln, die dem Gegenüber durch Mimik und Gestik mehr verrät als durch Worte. Ich glaube, das ist es, was eine gute Partnerschaft ausmacht: eine Art von Verbundenheit, die selbst Tendenzen erkennen kann und imstande ist, jenseits des eigenen, persönlichen Glücks Entscheidungen treffen und tragen zu können, die wahren Bedürfnisse des anderen zu sehen.

Mein Mann hatte in diesem Moment verstanden, dass der Ruf meines neuen Lebens so stark geworden war, dass ich ihm folgen musste. Von nun an lebte ich in einem Kloster unserer Linie, recherchierte, interviewte, studierte und hatte der neuen Richtung in meinem Leben Aufwind und Raum verschafft. Man hatte mich gebeten, den jungen Tulku des Klosters, einen als Inkarnation eines wichtigen Lamas anerkannten und inthronisierten Guru, in Englisch zu unterrichten. Junge Rinpoches sind voller Tatendrang und nie enden wollender Energie und Ideen. Diese gewaltige mentale Stärke und Klarheit ist das Resultat spiritueller Praxis vergangener Leben. Damit diese Kraft einer jungen Inkarnation vollständig erblühen kann, beginnt man schon sehr früh mit seiner Ausbildung. Mein Schützling, Gyalpo Rinpoche, war im Teenager-Alter und

verbrachte seine Freizeit gern damit, mit seinen Mönchs-
brüdern Späße jeglicher Art zu treiben. Voller unzähm-
barer Energie rannte er durch das Kloster, balgte sich mit
seinen Freunden und ersann immer neue, harmlose Späß-
chen.

Jedes Frühjahr wird in Indien und Nepal Holi gefeiert,
ein Fest, bei dem sich die Bevölkerung gegenseitig mit
Farbpulver und Wasser bewirft. Wirklich jeder, ob alt oder
jung, macht mit. Ganze Arsenale an Farbbomben werden
während dieses Tages »verfeuert«. Wenn man auf der Straße unterwegs ist, hat man keine Chance, den Farbattacken
zu entgehen. Es sei denn, man versteckt sich zu Hause,
was ich auch tat. Der genaue, tiefere Sinn des Festes blieb
mir immer verborgen, auch meine Freunde konnten ihn
mir nicht enthüllen. Die ganze Umgebung wird zu diesem
Fest in ein nicht enden wollendes Meer an Farben ge-
taucht, die Menschen sind knallbunt, fröhlich und ansteckend ausgelassen. Natürlich war der junge Rinpoche an
diesem Tag voll und ganz in seinem Element und bewarf
mit kindlichem Eifer Passanten vom Fenster seines Zim-
mers aus. Jeder Vorbeikommende erhielt seine Ladung.
Gyalpo Rinpoche warf die »Bomben« ab und tauchte dann
unter, so dass der Beschossene nicht sehen konnte, woher
der »Angriff« kam, und lachte sich mit seinen Freunden
krumm und schief über den kunterbunten Ausgang des
Unterfangens. Es war eine Freude zu sehen, was ihm so
viel Spaß bereitete.

Wenn ich ihn unterrichtete, gab es zwei Szenarien:
Entweder ich konnte ihn begeistern, und er lernte in atem-

beraubender Geschwindigkeit, oder er hatte überhaupt kein Interesse und ließ mich das auch deutlich spüren. Er sprang dann plötzlich von seinem Sitz auf, griff meine Hand und wollte, dass ich mit ihm spielte oder einem anderen Zeitvertreib nachging. Manchmal, wenn überhaupt keine Aussicht auf Besserung bestand, gab ich nach und baute dann das Vorbereitete in die Spiele ein. Manchmal jedoch bestand ich auch darauf, dass die Stunde zu Ende geführt wurde und wir erst danach spielten.

So war ich ein Teil des Klosters, wurde als Lehrer angesprochen, war einerseits eine Art Respektsperson, lebte andererseits aber auch inmitten des Gewühls von Burschen aller Altersstufen. Der Abt reiste öfter in die armen Bergregionen und brachte scharenweise Knaben aus ärmsten Verhältnissen mit, um ihnen im Kloster eine grundlegende Ausbildung zukommen zu lassen. Oder aber er sammelte sie in den Straßen Kathmandus auf und brachte sie mit. Die Kinder, die ankamen, waren meist vollkommen verwahrlost und mussten zunächst einer gründlichen Reinigung unterzogen, dann eingekleidet und eingewiesen werden. Sie erhielten im Kloster Nahrung, Unterkunft und eine Ausbildung. Etwas, das ihre bitterarmen Familien ihnen niemals hätten bieten können.

Ich hatte mein Zimmer in einem Nebengebäude unter dem Dach, hatte ein eigenes Bad und eine große Terrasse. Im riesigen Empfangsraum des Abtes fanden die Unterrichtsstunden mit Gyalpo Rinpoche statt. Die anderen Mönche kamen gern vorbei, um sich zu unterhalten, zu spielen oder mich zu neuen Abenteuern zu überreden. Der Empfangsraum wurde, genauso wie mein Zimmer, zum Refugium, zur Anlaufstelle bei diversen Befindlichkeiten, auch wer nur ein Pflaster bei einen Schürfwunde brauchte, kam zu mir, nicht zuletzt deshalb, um den großen Verbänden der klostereigenen »Krankenschwester« zu entgehen und stattdessen die kleinere, unauffälligere Variante nebst ein paar Minuten Freizeit zu ergattern.

Der junge Rinpoche, der seine Räumlichkeiten im selben Gebäude hatte, tauchte für sein Leben gern unangemeldet in meinem Zimmer auf. Er besaß ein winziges Hündchen, das er ebenso gern mitbrachte. Dann stand er also plötzlich in meinem Raum mit einer Handvoll Hund, der noch nicht stubenrein war und des Öfteren seine Spuren hinterließ, und hatte eine neue Idee, die er sofort in die Tat umsetzen wollte. Das ganze Leben hier war vollkommen anders als jenes, das ich »zu Hause« geführt hatte. Ich hatte damit überhaupt keine Schwierigkeiten. Meine Erfahrung mit Westlern generell ist aber, dass es für sie die wahrscheinlich größte Umstellung im Klosterleben ist, dass es tatsächlich keinerlei Privatsphäre gibt. Denn wirklich alles ist öffentlich. Die Mönche und Nonnen teilen alles, was sie haben, mit- und untereinander. Das ist ein großer Vorteil und das Resultat unserer Gelübde, die uns vor Egoismus und dessen Folgen schützen. Wir haben keine Geheimnisse voreinander, da das gesamte Leben in der Öffentlichkeit abläuft, wir praktizieren, essen, leben gemeinsam, treffen einander zweimal monatlich zum Bekennen kleiner Übertretungen, so weiß jeder von jedem alles. Es ist wie eine große Familie, die durch die Abwesenheit von Unaufrichtigkeit und Geheimniskrämerei viel Raum lässt für Unbeschwertheit, Freude und Spontaneität und somit die Grundbedingung für Freiheit im Herzen schafft. Wir bewegen uns innerhalb eines sicheren Rahmens, in dem wir unsere Unzulänglichkeiten nicht vor anderen verstecken müssen. So können sich die Nonnen und Mönche gegenseitig im Alltag beistehen und einander bei kleineren Problemen, die natürlich immer wieder auftauchen, helfen.

Ich habe mich selten zuvor so unbeschwert und frei gefühlt! Das Kind in mir kam wieder und verstärkt zum Vorschein, jenes neugierige, furchtlose, an allem interessierte, aufgeweckte, zu neuen Abenteuern bereite Kind, das im Laufe meines Erwachsenwerdens verlorengegangen war. Unser »normales« Leben und unsere Umgebung verlangen von uns, dass wir lernen, wie man sich verstellt, um sich einen Vorteil gegenüber anderen zu verschaffen. In diesem Kloster wurde mir am eigenen Leib bewusst, wie sehr ich mich von mir selbst entfernt hatte! Mein Herz begann, sich sich selbst und auch anderen zu öffnen.

Mit den Mönchen unternahm ich kleinere Ausflüge, sie zeigten mir ihre Lieblingsplätze in der Natur und in der Hektik der Stadt. Wir erkundeten kleine, den Touristen verborgene und nur den Einheimischen vorbehaltene Lokale in Hinterhöfen, in denen man für ein paar Cents Momos, gefüllte Teigtaschen, essen konnte, was mir mehr als eine heftige Magenverstimmung bescherte. Ich lernte auch ihre Freunde, die oft selbst keine Mönche waren, kennen. Mit einem von ihnen unternahm ich auf dessen

Motorrad immer wieder Ausflüge. Er bestand auch darauf, mir das Nachtleben von Kathmandu zu zeigen, was mich allerdings nun gar nicht interessierte. Nach dem ersten misslungenen Versuch musste er sich dann tatsächlich voller Unverständnis geschlagen geben.

Motorradfahren in Kathmandu ist eine Herausforderung. Natürlich gehorcht der Verkehr völlig anderen Gesetzen als in Europa, er ist scheinbar ungeregelt und wild. Doch noch viel unangenehmer war, dass man nach einer Fahrt auf dem Bike aufgrund des grässlichen Sprits, den alle verwendeten, ein vollkommen schwarzes Gesicht mit nach Hause brachte. Wir banden uns immer ein Tuch vor den Mund, bevor wir starteten, um nicht allzu argen Dreck einzuatmen.

Als ich mit einem meiner Freunde ein nahes Kloster besuchte, in das Tenga Rinpoche, von dem ich auch schon einige Unterweisungen erhalten hatte, soeben wieder heimkehrte und in einer feierlichen Prozession in seine Räumlichkeiten geleitet wurde, machte ich aber auch mit Nepals anderer Seite Bekanntschaft. Mein Mönchsfreund und ich hatten uns zuvor im Schreinraum aufgehalten, wo ich meine Kameras liegen hatte, um die Rückkehr Tenga Rinpoches zu fotografieren. Als es losging, entschied ich mich für eine Kamera und ein Objektiv und lief in den Klosterinnenhof. Das andere Equipment ließ ich zurück, was ich bald bitter bereuen sollte. Während Tenga Rinpoche empfangen wurde, hatte sich ein Dieb von außerhalb unbemerkt in den Schreinraum geschlichen und eine meiner Kameras und Objektive entwendet. Ich bemerkte den Verlust sofort nach Beendigung des Willkommensempfangs und informierte meinen Freund, der wiederum das ganze Kloster davon in Kenntnis setzte. Eine lautstarke Treibjagd begann, und als die Mönche ein Taxi wie rasend das Klosterareal verlassen sahen, rannte ihm eine Traube von Mönchen wild gestikulierend und schreiend nach. Es war ein ziemliches Spektakel, das natürlich nicht von Erfolg gekrönt war. Die Mönche waren außer sich und versprachen, alles zu tun, damit ich mein Gerät zurückbekam. Sie drängten mich, die örtliche Polizei aufzusuchen, doch das erwies sich natürlich als absolute Zeitverschwendung. Also schloss ich einfach innerlich mit dem Verlust ab und sagte zu mir selbst: »Es war wohl wieder mal Zeit, etwas darzubringen, das dir teuer und wichtig gewesen ist.«

Ich hatte alle antrainierten Sicherheitsmechanismus über Bord geworfen und war frei wie der Wind, sicher und geschützt in der Gemeinschaft meiner Mönchsfreunde. Ich übte mich in Gebet und Meditation in meinen eigenen Räumen, nahm an den wichtigen Gebetsversammlungen des Klosters teil, lehrte Englisch, verfasste Artikel für die Zeitschrift »Himalayan Voice«, die über Nepal hinaus bekannt ist, wurde zu ihrem europäischen und amerikanischen Repräsentanten ernannt, fotografierte hie und da wichtige Ereignisse, die im Kloster stattfanden, und war einfach glücklich.

Ich hatte auch Bekanntschaft mit einem anderen jungen Rinpoche in der Nachbarschaft geschlossen, den ich ebenfalls in Englisch unterrichtete und der mir im Gegenzug die verschiedenen tibetischen Kalligraphiestile beibrachte. Er war erst im Erwachsenenalter als Tulku, also Reinkarnation, erkannt und eingesetzt worden und gerade dabei, sich mit der neuen Identität zu arrangieren. Sein Briefpapier trug noch immer seinen alten Namen, doch er unterschrieb bereits mit seinem neuen: Minam Rinpoche. Er selbst war ein Meister seines Faches und hatte bei diversen wichtigen überregionalen Wettbewerben Preise für sein kalligraphisches Werk erhalten. So war er nicht wenig verwundert, wie schnell ich meine eigene Kunst entwickelte. Ich liebe Kalligraphie, hatte schon immer ein Faible dafür, weil man in den Pinsel so viel Aussage legen und ähnlich der Fotografie ein Bild an Stimmungen, Emotionen und (spiritueller) Einsicht formen kann.

Wenn ich zu ihm kam, bestand er darauf, dass wir auf gleicher Höhe saßen, wir hockten dann am Boden. Wenn ich ihn aber unterrichtete, wollte er partout, dass ich höher saß als er, was mir zunächst eigenartig erschien, doch schließlich gewöhnte ich mich daran. Denn indem wir den Lehrer ein wenig höher platzieren als uns selbst, bringen wir als Schüler auch physisch unseren Respekt zum Ausdruck. Durch ihn lernte ich neue Freunde kennen, mit denen ich wieder andere Seiten Kathmandus entdeckte. Der Alltag in Österreich war so weit weg!

Ich suchte die Gelehrten meines »eigenen« und der umliegenden Klöster auf, um weiter an meinem Buch zu arbeiten, lernte alle Rinpoche, Äbte, Sekretäre kennen, machte Fotos und schrieb. So war auch Thrangu Rinpoches Kloster an der Reihe, das damals in Kathmandu seinen Hauptsitz hatte. Dort lebten so viele Mönche, dass er ein neues Kloster gründete, in Namo Buddha, dem Ort, an dem Buddha Shakyamuni in einem früheren Leben einer hungrigen Tigerin seinen Körper dargebracht hatte, damit sie ihre Welpen ernähren konnte. Das Areal ist etwa zwei Stunden von der Hauptstadt entfernt, und damals gab es noch nicht einmal eine einigermaßen vernünftige Straße, auch die musste vom Kloster erst errichtet werden.

Thrangu Rinpoche schlug mir in dem persönlichen Treffen vor, dass ich ihn in die Berge nach Namo Buddha begleiten solle, da die Fahrt allein unmöglich war und aufgrund der desaströsen Straßenverhältnisse kein Taxifahrer bereit war, dorthin zu lenken. Ich sollte am nächsten Tag wiederkommen und mit ihm und seinem engsten Vertrauten im Jeep reisen. So stieg ich mit Rinpoche und einem weiteren Mönchsfreund am nächsten Morgen in den Wagen. Der Empfang für Rinpoche war gewaltig, er wurde mit einem sakralen Orchester willkommen geheißen und in seine Räumlichkeiten geführt. Mein Freund und ich bekamen gemeinsam ein Zimmer in einem alten Bau, der inmitten des Retreatteils für Dreijahresklausuren des Anwesens lag. Heutzutage dient dieser Trakt nur noch für kurze Zurückziehungen, wohingegen die strikte Klausur an einen entlegenen Ort verlegt wurde.

Die ganze Nacht tauschten wir Geschichten und Informationen aus, ich kam gar nicht zum Schlafen. Am nächsten Tag verließ ich das Zimmer sehr zeitig, um Fotos im Morgenlicht und dessen bezaubernder Stimmung, als die Sonne die Berge des Himalaya so sanft umgab und uns in einen neuen Tag erhob, aufzunehmen. Die verschiedenen Stadien des Sonnenaufgangs berauschten mich geradezu, und das Geräusch des Wehens der überall vorhandenen Gebetsfahnen in der kühlen, frischen und klaren Morgenluft erfüllte meine Seele vollends, ich sog sie in die Tiefe meiner Lungen, als ob es darum ging, meinen letzten Atemzug zu tun. Ich liebe Berge, ihre Stille und Kraft, all das, was sie ausstrahlen. Als ich zurückkam, erhielten wir gemeinsam mit den Mönchen, die sich in Klausur befanden und die ja eigentlich niemanden sehen sollten, das Frühstück. Man hatte mich wieder einmal in den innersten Zirkel des Klosters vorgelassen, so selbstverständlich, als wäre ich immer Teil desselben gewesen, und so durfte ich auch an der nachmittäglichen Mahakala Puja in Anwesenheit Rinpoches im klausureigenen Schreinraum teilnehmen.

Zu Mittag trafen die Mönche in Zurückziehung einander auf der Wiese zwischen Schreinraum und Zellen, und auch Thrangu Rinpoche beglückte die Gruppe und nahm an dem ungezwungenen Picknick teil – Tibeter lieben Picknicks im Freien –, gab Instruktionen und Ratschläge. Ich fühlte mich sehr wohl in dem Klausurzentrum, dessen tiefer Stille und Ernsthaftigkeit. So traf ich Rinpoche, der bereits fortgeschrittenen Alters war und dessen liebevolle Art mich wieder einmal vereinnahmte, auch hier zu einem persönlichen Gespräch, und konnte all meine Fragen, speziell jene zur Philosophie, stellen, da er der profilierteste aller Philosophen unserer Linie ist. Er erhellte mir die Gründe für den Bau des neuen Klosters, erzählte mir kleine Anekdoten, vertiefte mein intellektuelles Verständnis und Verstehen und lud mich mit Energie, die ich gleich in die weitere Arbeit am Buch steckte, auf. Als ich alles, was ich benötigte, erfahren und dokumentiert hatte, schlossen mein Mönchsfreund und ich uns an einem der nächsten Tage einem Versorgungskonvoi an, der in die Stadt fahren sollte. Auf der Fahrt hinunter nahmen wir einige Pilger auf der Ladefläche mit, die am Wegrand um eine Mitfahrgelegenheit baten. Sie erzählten uns, dass sie aus Tibet kamen und sich auf Pilgerschaft an die heiligen Orte Nepals befanden.

Auf diese Art in den ganz normalen Alltag der verschiedenen Klöster involviert, schloss ich Freundschaften mit deren Mönchen und auch deren Bekannten und Familien außerhalb der Mauern. Täglich umwanderte ich zweimal rituell den großen Stupa von Swayambhu mit meinen neuen Freunden, formulierte Gebete und ging ganz in der heiligen Atmosphäre des Ortes auf. Der Vorsatz, der in mir schwelte, wurde täglich stärker, der Ruf meines Herzens lauter, und so wurde eine dieser Runden, die wir auf Tibetisch Kora nennen, zu dem Moment, da ich meinen festen Entschluss, mein altes Leben für immer hinter mir zu lassen, bekannt machte: Ich wollte Nonne werden! Das Leben, das wir landläufig als normal bezeichnen, hinter mir lassen und die wirklich wichtigen Dinge erkunden, verfolgen und perfektionieren. Es war nicht das Bekenntnis, mich von etwas *abzuwenden*. Es war der feste Entschluss, das zu *geben*, was mir damals am wichtigsten war, um für alle Wesen nützlicher sein zu können, meine eigene kleine (heile) Welt ebenso wie meine Ehe einer größeren Sphäre zu schenken. Das ist die Grundidee der Ordination: Sie basiert auf *gesunder* Entsagung. Wir laufen nicht weg, um einen neuen Anfang in einer neuen Welt zu wagen, und wenden uns nicht von unserer Familie ab, um in einer hermetisch abgeriegelten, strukturierten Welt zu leben; wir geben die Anhaftung an *eine* Person, *eine* Gruppe von Personen auf und vertauschen sie mit der Umarmung aller Wesen. Wir nehmen sie alle als unsere Familie an, um zu lernen, für alle in gleichem Ausmaß Verantwortung zu übernehmen.

Ich weiß, dass das oft völlig falsch verstanden wird. Meine Mutter hat mir, nachdem ich diesen Schritt getan hatte, jahrelang eine für sie sinnvolle Erklärung abringen wollen. Es fiel ihr schwer, Verständnis dafür aufzubringen, dass man etwas aufgeben müsse, um mehr Platz im Herzen für alle zu haben. Immer wieder fragte sie mich, warum meine Familie jetzt darunter leiden müsse, dass ich diesen »Egoismus« an den Tag legte. Irgendwie, scheint mir, ist in unseren Breiten (oder ist es die Zeit?) unser kollektives Verantwortungsbewusstsein vollkommen verlorengegangen. Alles, worum wir uns kümmern und worum unsere Gedanken kreisen, ist unsere eigene, kleine, beschränkte und künstliche Welt. Sie lässt uns eng werden in unserem Herzen, in unserem Tun, in unserem Umgang mit unseren Mitmenschen. Wir kapseln uns ab und machen uns selbst zum Schöpfer unseres eigenen Trugbildes.

Zu Weihnachten bekam ich von meiner Familie zwei riesige Schneekugeln mit Spieluhr und mit wunderbarer

Szenerie geschenkt. Daraufhin baute ich dieses Bild gleich in der darauffolgenden Weihnachtsklausur mit meinen Schülern ein, um ihnen zu versinnbildlichen, für wie solide wir unsere kleine Welt halten. Doch der zauberhafte Schnee, der die Szenerie so leicht befällt, ist der saure Regen unserer eigenen störenden Emotionen, die Kugel das Trugbild unserer Unwissenheit.

All diese Überlegungen gipfelten also in Nepal in dem Entschluss, mich aufzumachen, aus meiner Schneekugel auszubrechen, um damit für alle von Nutzen sein zu können. Da mein Mann ebenfalls Buddhist war, baute ich auf sein Verständnis, und so vertraute ich mich damals erstmals einem meiner Freunde im Kloster an. Wir waren gerade auf Kora, er blieb verdutzt stehen und fragte mich entgeistert, ob das mein Ernst sei. Natürlich war es das! Man hatte natürlich schon im Kloster gemunkelt, denn bald nachdem ich mich eingelebt hatte, hatte ich mir die Haare beim ortsansässigen Friseur ganz kurz schneiden lassen. Das ist in Nepal, so wie in Indien auch, übrigens eine ganz besondere Prozedur, denn Friseure sind zugleich Amateurchiropraktiker, und es gehört zum Service dazu, nicht nur die Haare geschnitten, sondern auch alle Knochen eingerenkt zu bekommen. Das ging bei mir gleich mal schief, da meine Wirbelsäule ohnehin schon hypermobil ist. Als Kind hatte ich regelmäßig dicke Halskrausen tragen müssen und ging einmal monatlich zum Chiropraktiker, um Fehlstellungen korrigiert und auch Injektionen in die Gelenke zu bekommen, da meine Wirbel ohne viel Zutun, oft nur, wenn ich in der Nacht schlecht liege, verrutschen und mein Kopf aus einer spezifischen Situation nicht mehr herauswill. So geschah es auch bei jenem Friseurbesuch, was zu allgemeiner Belustigung führte. Von nun an verweigerte ich diesen Service, was wiederum den Scherenakrobaten verletzte, aber meine Beweglichkeit war mir dann doch wichtiger.

Neben meiner Frisur hatte ich auch meinen Kleidungsstil geändert, ich trug nicht mehr Jeans und Pulli, sondern einen bodenlangen grauen Wickelrock, eine tibetische Halbchuba, die ich mir beim Schneider hatte anfertigen lassen. Zwar stolperte ich, zum großen Gelächter meiner Freunde, des Öfteren über das lange Gewand, doch ich mochte diesen Carefree-Look, mit weißen T-Shirts und einer grünen ärmellosen Kapuzenjacke, denn damit hatte ich das Thema Mode und Bekleidung auf meine Art ganz pragmatisch und als Training für die bodenlange Robe, die mir bevorstehen würde, gelöst. Die Mönche hatten also ihre Vorahnung, trotzdem schien dieser Freund erstaunt, als ich ihm von meinem Entschluss, die Ordination zu erbitten, erzählte. Ich bat ihn, niemandem etwas zu verraten, aber da in Klöstern Geheimnisse keinen Platz haben, waren am nächsten Tag schon alle Mönche voll in Kenntnis und stellten mir unaufhörlich Fragen. Eine Art Generalprobe zu der Unterhaltung, die mir zu Hause noch bevorstünde, sozusagen.

Der Abt und die Mönche waren erfreut, meine Freunde nahmen mich zum Stoffeinkauf und zum Schneider mit, halfen mir bei der Farb- und Stoffauswahl und waren genauso ausgelassen wie ich. Der Abt schenkte mir ein gelbes

Hemd aus einem besonders schönen Stoff, das ein Blumenmuster hatte, und beglückwünschte mich. Ich hatte allerdings noch zwei Hürden vor mir: Ich musste meinen Lehrer kontaktieren und um Erlaubnis bitten und meinen Ehemann von der Entwicklung in Kenntnis setzen. Wir hatten oft miteinander telefoniert, er war auf dem Laufenden über mein Leben im Kloster. Ich hatte ihm auch von dem inneren Drang oder Ruf erzählt, der mich beseelte. Er wusste, dass ich das, was ich tat, für alle Lebewesen tun wollte. So schickte ich eine E-Mail, die all das, was wir während meines Aufenthalts telefonisch sowieso schon besprochen hatten, mit dem Betreff »marriage finished« nach Hause. Anschließend wandte ich mich mit meinem Ansinnen an den Privatsekretär meines Lehrers. Tai Situ Rinpoche ließ mir ausrichten, dass er ohne das Einverständnis meines Ehemannes gar nichts tun würde.

So kehrte ich nach Wien zurück und konfrontierte meinen Mann mit den weiteren Schritten des Vorhabens. Es war keine große Überraschung für ihn, wie er mir gestand, aber dennoch auch keine leichte Angelegenheit nach all den Jahren. Wenn wir uns dazu entschließen, Ordination zu erbitten, so ist das das äußere Zeichen dafür, dass wir all dem entsagen, woran wir am meisten hängen, weil wir erkennen, dass Anhaftung – zum Beispiel an Menschen – nicht Liebe ist, sondern genau diese Liebe, nach der wir alle so streben, verhindert. Wir hatten immer eine Art von Beziehung geführt, die dem anderen Freiraum ließ, sich zu entwickeln. Es war nicht das, was man fälschlich als offene Partnerschaft bezeichnen würde, in der jeder tun und lassen kann, wonach die Hormone verlangen, es war eine Art von Vertrauen, die Platz ließ für Individualismus. Ich hatte mich schon früh gegen Kinder entschieden, also war es tatsächlich nur eine Entscheidung zwischen ihm und mir. Viele Jahre später ließ er mich wissen, es sei ihm von Anfang an, als ich begann, mich ernsthaft mit dem Buddhadharma zu beschäftigen, klar gewesen, dass dies mein Weg sei. So ließ er mich gehen.

Natürlich war das keine leichte Entscheidung, auch für mich nicht. Ich hatte lange mit mir gerungen, um herauszufinden, wie ehrlich mein Ansinnen war, ob es nur eine neue Variante von Gründen für eine Trennung war, die eigentlich keinen Anlass kannte, oder ob ich tatsächlich den Nutzen für viele über meine eigenen Befindlichkeiten stellte. Ich wandte mich also auch an meinen Zufluchtslehrer und fragte ihn: »Ist es Egoismus, der mich leitet, bin ich der heiligen Umgebung erlegen, in der ich mich gerade befinde, oder ist tatsächlich Nutzen in diesem Wunsch?« Mein Zufluchtslehrer befand sich damals gerade in Klausur, und entgegen meiner Annahme, von seinem Sekretär ein schlichtes Ja oder Nein zu erhalten, schickte er mir einige Zeit später nach Wien ein Fax zurück, in dem er meine Entscheidung begrüßte und unterstützte und mich offiziell zu meinem Wurzellehrer schickte.

Es war also besiegelt, mein Mann und ich dividierten unsere Angelegenheiten auseinander, ließen uns scheiden, und ich leitete alle weiteren Maßnahmen ein, die vonnöten waren. Dieser Schritt hat bei den Menschen in meiner Umgebung die unterschiedlichsten Reaktionen hervorgerufen. Die einen fanden es abscheulich und verdammten meinen Entschluss, andere missverstanden ihn als emanzipatorischen, sogar feministischen Schritt. Wieder andere erkannten ihn als das, was er war, das Sprengen aller Ketten, um für alle und mit allen, die mit mir verbunden waren, eine größere, tiefere Art von Freiheit und Erfüllung zu finden.

So flog ich im Sommer 1998 auf Anweisung meines Lehrers Tai Situ Rinpoche nach Amerika in jenes Kloster, in dem ich wenig später in die Dreijahresklausur eintreten sollte, um meine erste Ordination am 4. Juli, dem Unabhängigkeitstag (was mir vollkommen passend erschien), innerhalb der Karma-Kagyu-Tradition des Tibetischen Buddhismus zu erhalten. Am Vorabend der Zeremonie nahm sich Khenpo Karthar Rinpoche, der Abt des Klosters, unserer liebevoll an und erklärte uns die Gelübde in allen Details. Das ist das Außergewöhnliche bei uns im Buddhismus: Zu jeder Belehrung, jedem Gelübde, jeder spirituellen Praxis gibt es ein Kompendium an Erklärungen, das mitgeliefert wird, damit wir verstehen, was wir tun, und nicht nur »leere« Regeln befolgen oder stumpfsinnig Rituale vollführen, ohne deren tiefere Bedeutung zu kennen. Diese Erklärungen wurden seit der Zeit Buddha Shakyamunis von Generation zu Generation weitergereicht und ermöglichen die Auslegung und Umsetzung der Gelübde innerhalb anderer Kulturen und Epochen. Denn wenn ich verstehe, warum ich als Nonne oder Mönch gewisse Dinge tue oder nicht tue, ist es um ein

Vielfaches leichter, Regeln einzuhalten. So bedaure ich es sehr, dass viele unserer heiligen Schriften, die traditionell von Lehrer zu Schüler in der Phase weitergegeben werden, in welcher der Schüler dazu fähig ist – wir lassen unsere Kinder im Volksschulalter ja auch nicht quantenphysikalische Experimente durchführen –, heutzutage oft sehr schlecht übersetzt, ganz leicht im Buchhandel oder On-line-Versand für jedermann zu erstehen sind. Denn ohne den »Beipackzettel«, also die Gesamtheit aller Erklärungen zum Verständnis sowie zur richtigen Handhabung, gepaart mit der praktischen Führung einer lebendigen Person können die Leser mit diesen Texten letztendlich nichts anfangen, außer verdrehte Eigeninterpretationen zu produzieren.

Khenpo Karthar Rinpoche, der aus einem kleinen Dorf im Osten Tibets stammt, sein ganzes Leben als Mönch im Thrangu-Kloster verbracht hatte und heute bereits in seinen fortgeschrittenen Achtzigern ist, nahm sich alle Zeit, die wir brauchten, um unsere Fragen zu klären, wies uns in die Schritte, die nun folgen würden, ein. Wie eine Mutter, voll Liebe, Wärme und Sorge, nahm er sich unser an, als wäre jeder Einzelne von uns sein einziges Kind. Ausgestattet mit den ausführlichen Erklärungen zum Inhalt dessen, was wir am nächsten Tag versprechen würden, schritt unsere Gruppe von vier Frauen und fünf Männern abends zuvor zur Tat: Wir begannen, einander die Köpfe zu rasieren. Das war ein ziemliches Chaos im Badezimmer! Wir hatten nur Einwegrasierer ergattern können, und so wurde unser Werkzeug bald ganz stumpf, während wir uns durch dichte Haarprachten jeglicher Länge, Formen und Farben kämpften. Der Herrenschnitt, den ich mir in Nepal zugelegt hatte, war inzwischen vollkommen »out of shape«, die Haare standen mir wie die Stacheln eines Igels zu Berge. Der Privatsekretär meines Lehrers hatte nicht schlecht gestaunt, als er mich nach meiner Rückkunft so sah, er kannte mich nur in schönem Gewand, Kostümen, oft geschminkt und mit adrettem Haarschnitt. Nun hingegen kam ich in weit geschnittenen, weich fallenden, bodenlangen Glockenhosen, die mehr wie ein Rock aussahen, T-Shirt, mit Stoppelhaaren und ohne Make-up, bereit für den wichtigsten Schritt meines Lebens, entschlossen, diese Maskerade für immer abzulegen und mich von aller Verkleidung zu befreien, um die wahre Schönheit des Herzens zu enthüllen.

Als wir unsere Köpfe so sauber bekommen hatten, wie wir konnten, ging es ans Reinemachen, um schlussendlich den großen Schreinraum, in dem die Zeremonie stattfinden sollte, aufs genaueste nach Anleitung vorzubereiten. Wir waren ausgelassen und fröhlich, unbeschwert wie kleine Kinder. Der Abend vor meiner Ordination war ein ganz besonderer für mich: Ich fühlte mich bereits wie zu Hause, denn ich kannte das Kloster schon von früheren Aufenthalten. Der Abt und Lehrer war mir vertraut, da ich bei früheren Aufenthalten schon Belehrungen und meine ersten Laiengelübde von Khenpo Karthar Rinpoche erhalten hatte. Hier würde ich am nächsten Tag die Gelübde einer Nonne ablegen, von meinem Wurzelguru ordiniert werden. Ich war zutiefst dankbar, voller Freude, die Liebe, die zu entdecken ich mich aufgemacht hatte, begann in meinem Herzen zu schwelen und immer wieder eine sanfte Glut zu entfachen. In dieser Nacht schlich ich mich in den großen Schreinraum und verrichtete meine Gebete, besiegelte und beschloss mein altes Leben und bereitete mich auf mein neues vor.

Am nächsten Morgen hatten wir das Laiengewand schon abgelegt und waren in unserer klösterlichen Unterwäsche unterwegs: lange Röcke und ärmellose Hemden, beides in Gelb. Damals kamen wir uns mit den bodenlangen Gewändern natürlich voll angezogen vor, doch heute würden wir uns in diesem Aufzug als halb nackt bezeichnen. So erledigten wir also die letzten Dinge, die wir am Vorabend noch nicht zu Ende geführt hatten, liefen freudig erregt im Klosterhof auf und ab und konnten es kaum erwarten. Schon bei meinen früheren Aufenthalten in diesem Kloster war ich zum Teil des Teams geworden und hatte so Zugang zu Bereichen, die sonst abgeschlossen sind. Mit der Küchenchefin war ich für die Teilnehmer großer Veranstaltungen einkaufen gegangen und hatte nicht selten Mahlzeiten für über hundert Personen zubereitet, die zum festgelegten Zeitpunkt fertig sein mussten, die ganze Großküche organisiert und die Helfer eingeteilt, die dann mit mir arbeiteten. Dieses Mal, Tai Situ Rinpoche war gekommen, um eine einwöchige Veranstaltung vor einer großen Menge Menschen zu bestreiten, war ich nicht für die Teilnehmer eingeteilt, sondern sollte, sehr zu meiner Freude, die Frühschicht übernehmen und das Frühstück für Rinpoche und die Lamas und Mönche, die ihn begleiteten, machen. Ich fabrizierte jeden Tag zusätzlich zum Standardprogramm kleine Fours, Pasteten und Ähnliches mehr, um den außergewöhnlichen Besuch zu bewirten. So kam es auch, dass ich am frühen Morgen vor unserer Ordination im oberen privaten Stockwerk in besagtem gelbem Untergewand unterwegs war, als Tai Situ Rinpoche gerade aus dem kleinen Schreinraum, in dem er seine Morgenpraxis verrichtet hatte, herauskam. Mein Herz blieb stehen. Er strahlte mich an und sagte: »You are so beautiful!«, in Anerkennung unseres Abschieds vom normalen, profanen Leben. Ich strahlte zurück und war bereit.

Kurz vor der Zeremonie sagte eine Frau zu mir: »Du willst Nonne werden? Du bist doch viel mehr der Yogi-Typ!« Das eine schließt das andere aber nicht aus! Das ist eine falsche und oft verbreitete Ansicht. Die Geschichte unserer Linie ist voll von monastischen Yogis, auch in der Gegenwart. Buddhistische Nonnen oder Mönche sind Personen, die die eigene Ethik vervollkommnen möchten, ein buddhistischer Yogi ist jemand, der in sehr fortgeschrittene tantrische Meditationsmethoden eingeweiht ist und diese praktiziert, um so Erleuchtung zu erlangen. Während Nonnen und Mönche an ihrem Gewand erkennbar sind, kann man Yogis nicht an der Kleidung erkennen, weil deren Meditationsmethoden die innere Entwicklung und nicht ein äußeres Erscheinungsbild beschreiben. In unserer Tradition werden diese Methoden normalerweise nur im geschützten Rahmen der Dreijahresklausur gelehrt. Yogis können klösterliche Gelübde ablegen, müssen es aber nicht. Die Art und Weise, wie Mönche und Nonnen im Vajrayana praktizieren, ergibt sich aus der Kombination der Einhaltung der Gelübde der persönlichen Ethik des Hinayana mit der Motivation des Bodhisattva des Mahayana mit den speziellen Meditationsmethoden des Vajrayana, die an die Fähigkeiten des Schülers angepasst sind. Jene mit den höchsten Fähigkeiten praktizieren die höchsten Yogas der inneren Transformation, mit oder ohne Robe. Ich selbst fühle mich als Yogi und Nonne, mit dem äußeren Erscheinungsbild eines Monasten.

So wie es im Christentum Brüder und Schwestern, also Ordinierte, gibt, die spezifische Aufgaben innerhalb ihrer Glaubensgemeinschaft und Gemeinde übernehmen, gibt es zusätzlich den Priester, der weiterführende Aufgabenbereiche hat. Das ist bei uns nicht anders. Yogis, also Mystiker, hingegen scheinen von der christlichen Bildfläche verschwunden zu sein. Natürlich sollte man aber nicht dem Irrtum verfallen, alles eins zu eins zu übertragen, (christliche) Priester sind nicht Lamas und umgekehrt. Wir haben Mönche, Nonnen, aber auch Laien, die aufgrund ihrer spirituellen Qualifikation größere Verantwortungsbereiche abdecken können. Bei uns sind es Lamas oder Gurus. Sie sind aber nicht deshalb übergeordnet, weil sie eine weiterführende spirituelle Ausbildung genossen hätten (das ist ohnehin die Grundvoraussetzung), sondern weil sie aufgrund und mittels ihrer Ausbildung eine gewisse spirituelle Reife erlangten, die sie *tatsächlich aktiv dazu befähigt,* andere zu führen. Die spezielle Dreijahresklausur ist dazu die Basis aufgrund des rigorosen, tiefgründigen und umfangreichen Curriculums an spiritueller Praxis. Entgegen mancher Annahme sowohl vollkommen Unbeteiligter als auch oft bekennender Buddhisten studieren wir in dieser Zeit nicht. Dafür gibt es die klösterlichen Universitäten. In der Klausur möchten wir jene Transformation unseres Herzen vollziehen, von der wir zuvor in heiligen Schriften gelesen und gehört, die wir studiert haben. Denn diese Reife des Herzens ist unabhängig von Geschlecht oder familiärem Status, was bedeutet, dass entgegen weitverbreiteten Annahmen ein Lama ein Mann, eine Frau, eine Nonne oder Mönch oder Laie sein kann.

Nach unserer Ordination machten wir ein Gruppenfoto, nahmen ein verspätetes Mittagessen ein und wurden von der Schar der Teilnehmer der bevorstehenden Übertragung beglückwünscht, erhielten kleine Aufmerksamkeiten, Karten und Bilder zum Geschenk. Interessanterweise nahm die Frau, die zuvor gesagt hatte, ich wäre eher der yogische Typ, ein Foto von mir auf und sagte, ich sähe so natürlich aus, als ob ich mein ganzes Leben schon in der Robe steckte. Nun begann also endlich mein neues Leben.

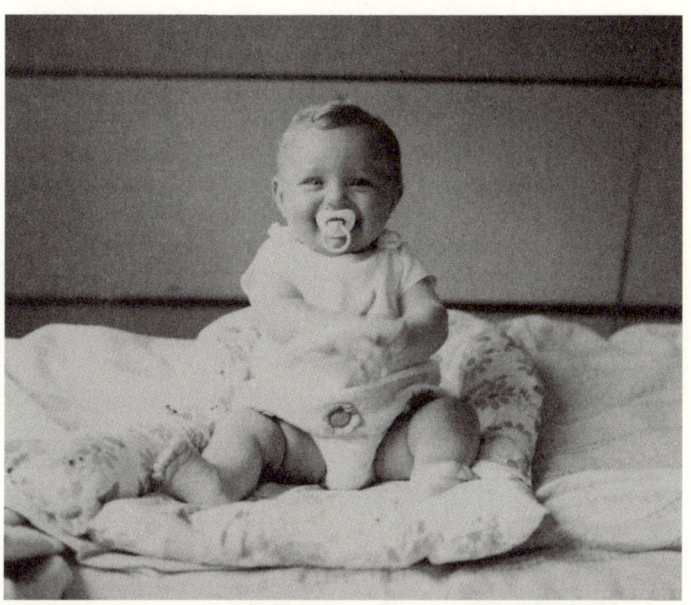

Die Autorin, 1971

In Wien, circa 1975

Auf dem Land, circa 1975

Erstkommunion, 1978

Skiurlaub, 1987

Mit 19 Jahren auf einer Interrailreise durch Europa

Hochzeit, 1996

Mit Jamgon Kongtrul Rinpoche in Nepal, 1998

Segnungszeremonie, 2004

Im Tsurphu-Kloster Tibet, 1999. Lama Palmo lehrt Seine Heiligkeit Karmapa den Umgang mit einer Fotokamera

Gyalwang Karmapa, Tsurphu 1999. Aus einer Fotoserie, die die Autorin in Tsurphu aufnahm.

Nach Beendigung der Dreijahresklausur, 2004

Mit ihrem Guru Chamgon Kuanding Tai Situ Rinpoche, 2005

In Polen, 2005

Chamgon Tai Situ Rinpoche während einer Roten-Krone-Zere-
monie in Palpung Sherab Ling, Indien

Palpung Sherab Ling im Kangratal Himachal Pradesh, Indien

In Palpung Sherab Ling, 2006

Mit Seiner Heiligkeit Dalai Lama, 2006

Palpung Europe in Purkersdorf bei Wien

Beim Bemalen von Statuen

Interreligiöser Austausch, 2009

Lama Palmo, 2011 in Palpung Europe

# Was ist Glückseligkeit?

Genährt von makelloser Sorgsamkeit,
Entspringt natürlich entspannt
Die süßeste Reinheit aus unserer Herzen Mitte:
All das Glück, das wir blindlings suchen.

D ie Frage nach der Glückseligkeit beschäftigt unzählige Menschen; Buchläden, das Internet quellen geradezu über vor all den schlauen Ratgebern, die uns angeblich das verheißen, was wir Glück nennen. Jeder sucht
sein eigenes Patentrezept, das sein Leben verändern und
ihm zu diesem schwer zu fassenden Gut verhelfen soll.
Aber was ist dieses vielgesuchte, gepriesene Glück tatsächlich? Wir ersehnen es, machen es zum zentralen Anliegen
unseres Daseins, wissen aber eigentlich gar nicht, *was* wir
erhoffen. Wie eine Wolke schwebt *es* über uns, in unseren
Köpfen, so weit weg und scheint uns vielleicht gerade deshalb so erstrebenswert? Doch ist es nicht so, dass das, was
wir zu suchen glauben, eigentlich ständig um uns ist, mit
uns, in uns? Unsere Herzen sind voller Sehnsucht nach
Glück, doch wir begehen den Fehler, diesen Zustand im
Außen zu suchen, ich möchte fast sagen, erzwingen zu
wollen. Glück muss jedoch unabhängig von äußeren Umständen *in* uns entstehen, indem wir jegliche Versklavung
durch Abhängigkeiten durchbrechen.
    Wir alle kennen die Vorsätze, die wir jedes Jahr an

Silvester fassen: *Wenn ich das und das erreiche, dann werde ich glücklicher sein.* Meist folgt darauf nur die Ernüchterung, die entweder auf das Erreichen des Ziels folgt, oder die Erkenntnis, dass wir dieses Ziel eben nicht erreichen können. Oft entsteht daraus ein Teufelskreis, bis hin zu der Frage: *Gönnt mir denn niemand Glück? Warum muss immer nur ich unglücklich sein, während die anderen so glücklich zu sein scheinen?*

Die Antwort auf diese Frage ist natürlich nicht einfach. Im Grunde aber ist unser Nicht-Glücklichsein in aller Regel auf Unwissenheit, Gier sowie Unersättlichkeit, Eifersucht, Aversion und Stolz zurückzuführen. Wir liefern uns selbst unserer niemals zu stillenden Gier aus, einer Gier, die sich in den unterschiedlichsten Ausdrucksformen manifestiert. Eine Gier nach Besitztümern, nach ekstatischen Gefühlen, nach Anerkennung, Ruhm, Zuwendung, die Liste wäre beliebig fortsetzbar.

Das ist die eine Seite der Medaille, die andere befasst sich mit der Analyse dessen, was wir als Glück bezeichnen. In den Momenten, in denen wir uns glücklich fühlen, sind wir von einer tiefen Zufriedenheit erfüllt, die, auch wenn diese Zustände kurz und flüchtig sind, dennoch für kurze Zeit eine Sättigung dieser Sehnsucht herbeiführt. Deshalb spreche ich gewöhnlich im Zusammenhang von Glück viel lieber von tiefer, freudvoller Zufriedenheit, weil der Begriff Glück immer etwas Ekstatisch-Punktuelles an sich hat und wir ihn oft auch mit einer Art Willkür des Schicksals so wie einen Treffer in der Lotterie verbinden.

Wir alle kennen das Phänomen: Die neueste Mode

ist auf dem Markt, seien es Autos oder Kleidung, elektronische Geräte oder Musik, und wir fühlen uns wie das Kaninchen angesichts der Schlange, wie der von der Schlange Kaa hypnotisierte Mowgli des Dschungelbuchs, in der Spirale eines nicht enden wollenden Zyklus von Produktion und Bedarf, werfen mit beiden Händen für all diese offensichtlich nicht notwendigen Dinge unser hart erarbeitetes Geld buchstäblich aus dem Fenster und werden nur noch unzufriedener. Wir werden zu einem Perpetuum mobile, das nur mit größtem Einsatz zu stoppen ist: Eine neue, bahnbrechende Diät, die noch nie dagewesene Farbgebung in der neuen Sommerkollektion, unüberbietbare Technik und Design. Körperformen wie aus dem Versandhauskatalog, das Diktat der Längen, Farben, Stile und Muster dominiert jeden einzelnen unserer Lebensbereiche. Während die einen von feinsten Designer-Accessoires träumen, malen sich andere den Komfort neuer Küchengeräte aus, schwärmen wieder andere von Luxuskarossen jenseits des moralisch Vertretbaren oder schwelgen in der Phantasie einer neuen Schlafzimmereinrichtung. Mit etwas anderem als dem Superlativ kann man unsere übersättigten Sinne gar nicht mehr reizen. Wir sind die Marionetten einer zweifelhaften Inszenierung mit gewissem Ausgang: tiefer Unzufriedenheit.

Wir alle sind auf der Suche nach dem Besonderen, fühlen uns auserkoren und berechtigt dazu, genauso weiterzumachen. Entweder aus Überzeugung oder einfach in Ermangelung an Alternativen, die uns ähnliche, genauso kurzlebige ekstatische Momente verschaffen. Wir sind zu

115

Junkies geworden, die schnelles, momentanes Ausklinken aus dem Alltag suchen, dem normalen Wahnsinn entfliehen wollen und sich damit noch tiefer in genau diesen Abgrund stürzen. Aber warum sind wir so? Aus meiner eigenen schmerzhaften Erfahrung kann ich sagen, dass wir nichts anderes versuchen, als eine innere Leere aufzufüllen, dies mit jenen fragwürdigen Mitteln jedoch nie erreichen können. Wir spüren, dass etwas in unserem Leben fehlt, manche von uns haben sogar physisch das Gefühl, ein Loch im Herzen zu haben. Wir wollen, ja verlangen geradezu nach einer sofortigen Reparatur.

Alles in unserer Welt ist schnelllebig geworden. Unsere Nahrungsaufnahme, Kommunikation, Stimmungsschwankungen. Und das kann manchmal wirklich beängstigend sein, ein Gefühl erzeugen, als befände man sich im freien Fall. Trotzdem ziehen wir mit an Sicherheit grenzender Wahrscheinlichkeit genau die Methoden zu Rate, die uns zwangsläufig weiter einsinken lassen im Treibsand dieses ewigen Kreislaufs. In einem meiner Teachings formulierte ich diesen Satz, den meine Schüler sehr lieben: *Wir wissen, dass wir uns irgendwann beim Herunterschlecken der Nutella vom scharfen Messer daran verletzen werden, trotzdem bestehen wir darauf, es zu tun, denn wir glauben, dass es unser Recht ist, uns selbst weh zu tun.* Wie Kinder, die gerade Rad fahren lernen und insistieren, die Stützräder am Velo zu belassen, obwohl sie längst frei und ohne Hilfe fahren können, beharren wir auf dem Recht, unheilvolle Handlungen zu begehen, wollen festhalten an unseren alten Gewohnheiten.

116

Was ermöglicht es uns also, aus diesem Kreis auszubrechen? Der Anfang zu einer Lösung ist: Seien wir doch ehrlich zu uns selbst.

Der Buddhismus lehrt, dass, wenn jemand so wie Buddha den vollkommenen Zustand perfekter Erleuchtung, also die volle Pracht der Blüte seines Herzens und damit all die damit verbundenen, unumstößlichen, unzerstörbaren unwiderruflichen Möglichkeiten erreicht hat, seine Wahrnehmung dann von nichts und niemandem getrübt oder beeinflusst werden kann. Salopp ausgedrückt heißt das, egal wie viel Hass, Gleichgültigkeit, Gier, Stolz oder Eifersucht jemandem begegnet, der im Zustand eines vollkommen erwachten Herzens ruht, er kann niemals aus diesem letztendlichen Zustand perfekter Liebe herausgerissen werden. Das ist natürlich lange nicht die ganze Wahrheit. Denn wir »normalen« Menschen sind von dieser Verwirklichung weit entfernt und nicht auch nur annähernd dazu imstande, einen Bruchteil dessen geistig zu erfassen. Es ist nicht nur eine Art von Balance in uns selbst, die wir zu erreichen suchen, sondern das Letztendliche unserer Herzessenz. Und die ist ausschließlich durch die Mittel der spirituellen Praxis zu erreichen, wir können es nicht herbeidenken, es ist das Ergebnis unserer offenen, uneingeschränkten Liebe, die wir unablässig praktizieren, der wir uns öffnen und die sich uns in unserem Herzen zunehmend durch sich selbst offenbart.

Geschüttelt von unseren störenden Emotionen, sind wir hin- und hergerissen zwischen Anhaftung und Ablehnung, Stolz und Eifersucht, basierend auf der Unwissenheit des Herzens, weil wir diesen perfekten Zustand nicht aus unserer persönlichen Erfahrung kennen. Erfahrung entsteht durch Üben, durch das schrittweise Anwenden der Methoden, die unser Herz öffnen können. So würde das Leugnen dieser makelbehafteten Emotionen das Trugbild der von uns ersehnten Scheinwelt nur übertünchen, und wir wären wieder unehrlich. Also ist der erste Schritt, sich darüber klar zu werden, *warum* diese störenden Emotionen uns beherrschen können. Dem Bekennen folgt das Anwenden des geeigneten Mittels, das wir wie eine Medizin, die uns der Arzt bei Beschwerden verschreibt, gemäß dessen Instruktionen einnehmen und anwenden, bis sich der gewünschte Erfolg einstellt.

Ich selbst habe in meinem Leben nie leichtfertig Entscheidungen getroffen, sondern mir genau angeschaut, was und was nicht ist, was sein könnte und was nicht oder vielleicht sogar niemals sein kann. Wie ein Arzt untersuche ich immer die jeweilige Situation, bestimme die Fakten, erstelle eine Diagnose und suche nach einer Medizin, um zu genesen. Ich halte es für außerordentlich wichtig, den Weg zur Entscheidungsfindung so tiefgründig wie möglich zu beschreiten, um zu einem nachhaltigen Ergebnis kommen zu können, denn meine Erfahrung zeigt mir, wie viele Menschen jahre-, wenn nicht jahrzehntelang mit ihren *Entscheidungen* hadern, anstatt auf deren Grundlage aktiv zu werden, und somit nicht die wahren Früchte ihres Tuns nutzen können. Meine Entscheidung, mein altes Leben »von heute auf morgen« wegzuwerfen, war eine, die ich nicht innerhalb einer Minute aus einer

Laune heraus getroffen habe, sondern die sich aus sich selbst entwickelte als das Resultat meiner Handlungen und jahrelangen Nachdenkens darüber, wie sinn- und wertvoll dieser Schritt sein würde.

Das Wichtigste dafür ist Ehrlichkeit uns selbst gegenüber, die Dinge einfach ganz sachlich beim Namen zu nennen und nicht neue, wohlklingende Namen und Bezeichnungen zu erfinden, um zu beschwichtigen, zu beschönigen und damit den Antrieb zur Bereinigung unseres Lebens im Ansatz zu ersticken. In Wien sagen wir: »Was's wiegt, das hat's.« Wir sollten aufhören, immer neue Verpackungen für unsere Empfindungen zu suchen und sie der Modenschau unserer inneren Unzufriedenheit auszusetzen, sie in rosarotes Zellophan zu packen, um uns selbst davon zu überzeugen, wie wunderbar alles doch ist. Vielmehr müssen wir die Wurzel dieses Unwohlseins ganz schlicht betrachten, sezieren und auf Grundlage der Analyse zu einer wertvollen Entscheidung für die weiteren Schritte gelangen.

Diese Ehrlichkeit ist der Grundpfeiler zu einem ausgeglichenen Leben. Schwindeln wir, lügen wir, dann brauchen wir weitere Hundert kleinere und größere Lügen, um die erste minimale Abweichung von der Wahrheit aufrechtzuerhalten. Das erzeugt enormen Stress. Die kurzfristige Angst vor einer Verletzung unseres Egos bewirkt, dass wir uns tiefer und tiefer in Verwirrung stürzen und davon so sehr in Beschlag genommen sind, dass ein beachtlicher Teil unserer Kreativität und Aktivität gelähmt ist.

Wir alle wissen, dass Egoismus selten Glückseligkeit

oder Freiheit verschafft, aber wissen wir tatsächlich, was die Grundlage dieses Egoismus ist? Die lateinische Wurzel, *ego*, heißt schlicht *ich*. Nähern wir uns diesem »Ich« in der Sprache des Buddhismus: Seine Heiligkeit Dalai Lama beschreibt besonders im Umgang mit westlichen Gelehrten den Buddhismus als dreigeteilt: Buddhistische Philosophie, Wissenschaft und Religion, wir sprechen gewöhnlich von Vinaya (Ethik), Abidharma (Kosmologie, Psychologie, Philosophie), Sutra (Lehrreden Buddhas) und Tantra (Spezifische Meditationen). Auf Grundlage von Ethik erarbeiten wir uns mittels Logik ein grundsätzliches Verständnis und erzeugen dadurch in unserem Herzen Vertrauen, auf welchem dann der religiöse, meditative Ansatz, das, was wir in der Theorie durch logische Argumentation und Gegenargumentation überprüft und als gültig erklärt haben, zur persönlichen Erfahrung in unseren Herzen wird.

Wenn wir also das Ego betrachten, dann stellen wir fest, dass dieses *ich* die Summe aller unserer Emotionen ist. Der Buddhismus unterscheidet fünf von ihnen und bezeichnet sie als das genaue Gegenteil dessen, das wir eigentlich erreichen wollen. Es sind die *Ablehnung*, der *Stolz*, die *Gier* und die *Eifersucht* auf der Basis der *Unwissenheit* unseres Herzens. Andere Übersetzungen verwenden auch gern den Ausdruck Verblendung statt Unwissenheit. Machen wir die Probe: Spazieren wir durch einen Wald, durch eine Stadt, treffen wir Freunde. Egal, in welcher Situation wir uns befinden, werden wir voraussichtlich die Dinge, die uns umgeben, durch die Matrix des *ich*, das im Mittelpunkt des Geschehens steht, betrachten. Gehen wir denn durch diesen Wald, füllen unsere Lungen mit der kühlen, sauberen Luft und verspüren den Wunsch, dass alle Wesen die gleiche saubere Luft einatmen mögen? Oder *genießen* wir das, von dem wir glauben, dass es uns *zusteht*, und verwenden keinen einzigen Gedanken an irgendetwas oder irgendjemanden außer uns selbst? Der erste Schritt zur Änderung ist die Entwicklung eines Gedankens an all die anderen in diesem Moment, diese Schönheit, die uns begegnet, anderen, zunehmend allen zu widmen.

Wenn wir unsere Unzulänglichkeiten nicht beschönigen, sondern benennen, wird unser Leben sehr viel geradliniger, einfacher, angenehmer für uns selbst. Damit ist es aber noch längst nicht getan. Auf der Basis dieser Aufrichtigkeit uns selbst und allen anderen gegenüber müssen jetzt unsere Handlungen, Gedanken, jeglicher Ausdruck dieser grundlegenden Einstellung folgen. Da fällt mir ein Zitat von Goethe ein: »Es ist nicht genug, zu wissen – man muss auch anwenden. Es ist nicht genug, zu wollen – man muss auch tun.«

Auf Grundlage der Motivation, zum Nutzen für die anderen aktiv zu werden, also uns in dieser Art von Geistestraining zu üben, werden unsere Handlungen in der Zukunft wie von selbst schöner: für uns und alle anderen. Jeder Moment unseres Lebens bietet uns dazu Gelegenheit. Ob wir essen, schlafen, egal, was wir tun: Wir können jeden Moment dem Wohlergehen anderer widmen. Zuerst ist es ein Wunsch, den wir fest in unserem Herzen etablieren müssen. So können wir, wenn wir essen, folgende

Überlegung anstellen: Wenn ich vernünftig und meinem Körper entsprechend esse, dann erhält er genau die Energie, die er benötigt, damit ich anderen von Nutzen sein kann. Probieren Sie es aus, es produziert wirklich Freude, Ausgeglichenheit und Harmonie im Herzen, wenn uns dieser Wunsch tatsächlich ein Herzensanliegen ist.

Das erinnert mich an eine Anekdote mit meinem Bruder, als er noch ganz klein war und seine Version von Verstecken spielte: Während einer der Wanderungen mit unseren Großeltern und anderen Verwandten in den Ferien hielt sich mein Bruder inmitten all der Leute einfach die Hände vor die Augen und verkündete, er sei jetzt nicht mehr da, um dann, als man ihn nach lautstarker Suche: »Ja, wo mag er denn bloß sein?«, aufgespürt hatte, in quietschender Freude zu jauchzen und zu springen. Er gab vor, unsichtbar zu sein, so wie wir im alltäglichen Leben unser Herz nur allzu gern vor einfachen Wahrheiten verschließen: Richten wir unsere Aufmerksamkeit auf das Wohl der anderen, dann lernen unsere Herzen *sukzessive*, erfüllt von Zufriedenheit und Liebe zu sein.

Wir alle sind aber nicht perfekt und begehen fortlaufend Fehler. Zumeist nicht aus Vorsatz, sondern einfach aus der Gewohnheit heraus, unser eigenes Wohlergehen, unseren Komfort an oberste Stelle zu setzen und damit eine ganze Lawine von Begleiterscheinungen in Bewegung zu bringen. Wir nehmen Phänomene um uns herum durch den Filter unserer Ich-Bezogenheit wahr, versehen sie mit Etiketten, bewerten sie, kategorisieren sie gemäß unserer

Wahrnehmungen und handeln auf der Grundlage dieser Einschätzung. Manchmal aber erkennen wir, dass wir eigennützig gehandelt und dadurch über kurz oder lang auch Unwohlsein für uns selbst zutage gefördert haben. Wenn wir dies dann einsehen, ist es wichtig, es uns selbst einzugestehen, anzuerkennen und zu bereuen, mit dem festen Entschluss, begangene Fehler in der Zukunft nicht zu wiederholen. Aus Fehltritten zu lernen ist das Heilmittel für unsere Unzulänglichkeiten. So einfach sich das anhört, so effektiv ist es auf Grundlage von Aufrichtigkeit und Ehrlichkeit. Stellen wir uns also vor, wir begegnen einem Menschen, auf den wir aus Gewohnheit wie allergisch reagieren. Wir sehen das Gesicht der Person, hören deren Stimme, und sofort entstehen in uns sehr spezifische Emotionen, obwohl uns die Person gar nichts getan hat und wir sie womöglich nicht einmal gut kennen. Wenn wir nun die Situation streng faktisch analysieren, werden wir herausfinden, dass unsere Reaktion bar jeglicher Grundlage ist. Dann sollten wir zumindest in unserem Herzen ehrliches Bereuen entstehen lassen und uns vielleicht bei dieser Person entschuldigen. Machen wir die Probe: Ich garantiere, unsere Emotionen werden aufgrund der Offenheit unseres Herzens wie Rauch verschwunden sein, wir werden fühlen, wie uns ein *Stein vom Herzen* fällt, und womöglich werden wir einen neuen Freund gewonnen haben. Dabei ist Ehrlichkeit unerlässlich. Denn Lippenbekenntnisse verlängern unsere Pein nur unnötig.

Ich finde es wunderbar, dass diese einfachen Weisheiten auch in geflügelten Worten des täglichen Sprachgebrauchs wie »Von nix kommt nix« durch die Generationen vererbt und sich also als erhaltenswert herausstellten, ihren Widerhall finden und zugleich eine der grundlegenden Überlegungen und Praktiken des Buddhismus sind: Verantwortung für jeden einzelnen Gedanken, jeden Satz und jede Handlung zu übernehmen. Wir lesen von Katastrophen in der Welt in der Zeitung, im Internet und sind sofort davon überzeugt: Die Politik ist schuld. Selbst wenn dem so wäre, sind wir doch alle aktiv in diese Schuld involviert, denn wir als Wähler sind an der Politik beteiligt. Es ist immer leicht, andere der Schuld zu bezichtigen. Die Menschheitsgeschichte lehrt uns, dass diese Grundhaltung Auslöser der größten Katastrophen werden kann!

Vor einiger Zeit besuchten mich Schulkinder in meinem buddhistischen Zentrum, und ich erzählte ihnen von einem aktuellen Beispiel: Bhutan unterzieht sich unter König Jigme Khesar Namgyal Wangchug, der 2006 von seinem Vater eingesetzt und am 6. November 2008 gekrönt wurde, einer grundlegenden und bedeutsamen Veränderung. Angetrieben und angeführt wird dieser Prozess vom Monarchen selbst, der den Menschen das Besondere, das Erhaltenswerte ihrer Kultur und Religion nahelegt und gleichzeitig zeitgemäße Ergänzungen einführt. So verkündete schon sein Vater, König Jigme Singye Wangchug, 2005, dass Bhutan von nun an eine Demokratie und keine Monarchie mehr sei. Die Bevölkerung reagierte mit Unruhen, dennoch kam es schließlich, am 24. März 2008, zu den ersten Parlamentswahlen mit drei Parteien, eine davon trägt den wundersam anmutenden Namen Bhutanesische Partei für Frieden und Wohlstand. Von nun an waren die Einwohner direkt oder indirekt in alle Aspekte des kommunalen Lebens aktiv involviert. Durch gewählte Vertreter, die die Bevölkerung zu Eigeninitiative erziehen, sollten die diversen Aufgaben, wie zum Beispiel Abfallbeseitigung und -verwertung, bewältigt werden. Und die Menschen antworteten schlicht: »Wir wollen keine Veränderung, wir wollen, dass alles so bleibt, wie es ist, wir wollen diese Verantwortung nicht! Wir wollen unseren Monarchen, der alles so wunderbar für uns regelt!« Genau da liegt der Hund begraben: einerseits in unserer Bequemlichkeit, anderersets in dem Bedürfnis, Verantwortung von uns zu weisen und anderen aufzubürden.

Um dieser Einstellung also entgegenzuwirken, werden inzwischen Spots im bhutanesischen Fernsehen ausgestrahlt, um die Menschen darüber aufzuklären, *wie* sie ihren Beitrag zum Ganzen leisten können, was falsch und was richtig, was schädlich und was hilfreich und nachhaltig ist. So ist die Abfallbeseitigung zum Beispiel nunmehr Aufgabe aller, anstatt nur in der Verantwortung gewisser kommunaler Instanzen. Obwohl die Menschen in Bhutan gegenüber Neuerungen skeptisch sind, können sie sich mit Hilfe ihrer religiösen Grundhaltung und Erziehung, die den Altruismus als Basiswert vermittelt und lehrt, dass das Außen nur ein Spiegel des Inneren ist, also unser Seelenzustand ein klarer Schlüssel zum Verstehen unserer Umgebung ist, in sinnvolle Veränderungen einfügen. Erziehung und Ethik spielen also eine große Rolle bei nachhaltigen Korrekturen.

Ethik ist die grundlegende Konstante, deren es bedarf, um einerseits Gemeinschaften funktionieren zu lassen, andererseits persönliche Zufriedenheit zu produzieren. Ethik und ethisch-moralisches Verhalten, das sich daraus ableitet, ist einer der Eckpfeiler des Buddhismus. Nicht als starres Regelwerk, das es einzuhalten gilt, sondern als Einsicht in die direkte Auswirkung jeglicher Handlung auf unser eigenes Wohlergehen und Befinden. Wenn wir also so wollen, dient ethisches Verhalten reinem Selbstschutz: dem Schutz vor unerfreulichen Situationen, dem Schutz vor der Erfahrung des genauen Gegenteils dessen, wonach wir eigentlich suchen: Glück und Zufriedenheit.

Wenn sie ethisch verantwortlich handeln, können Menschen, Länder, Gesellschaften in Frieden und Zufriedenheit funktionieren. Also bedarf es der Achtsamkeit, eines weiteren Eckpfeilers des Buddhismus, um ethisch und verantwortungsvoll für alle zu entscheiden und zu handeln. Achtsamkeit entsteht auf Basis von Aufmerksamkeit. Wir lernen, uns selbst aktiv »zu beobachten«. Während wir jetzt unseren störenden Emotionen ausgeliefert sind, lernen wir, indem wir diese beobachten, eine gewisse Aufmerksamkeit uns selbst gegenüber zu entwickeln. Diese Aufmerksamkeit wächst heran zu Gewahrwerden und Gewahrsein. Die grundlegende Meditationsmethode, die uns lehrt, unseren Geist in Frieden verweilen zu lassen, ist die praktische Übung dazu, diese Achtsamkeit zu entwickeln. Ohne aktives Anwenden solcher Methoden werden wir sie schwerlich erreichen können.

Moralisch-ethisches Verhalten und Achtsamkeit sollten also Grundeinstellung jedes Einzelnen sein und unser Tun durch den Respekt gegenüber der Welt, in der wir leben, geprägt sein. Ein Journalist stellte mir einmal folgende Frage: »Können Sie sich Moral ohne Religion vorstellen, oder anders gefragt, braucht Ethik Religion?« Ich antwortete: »Es kommt darauf an, was ich unter Religion verstehe. Im Westen wird Religion oft mit Institution gleichgesetzt. Wir brauchen aber nicht zwangsläufig Institutionen, während wir definitiv Ethik als Grundlage von Religion brauchen. Denn wie können wir Altruismus leben, wenn unser Tun von Eigennutz geprägt ist? Ethik lehrt uns, uns schrittweise von unserer Selbstverliebtheit zu trennen und sie durch Liebe zu allen und allem zu ersetzen.«

Und dass wir unablässig unethisch agieren, offenbart sich uns täglich in den Nachrichten: Umweltkatastrophen und Weltmarkteinbrüche sind die Ernte dessen, was in der Vergangenheit gesät wurde. Wenn Märkte künstlich gepuscht, ganze Landschaften überflutet werden, dann ist absehbar, dass ein Ungleichgewicht die Folge ist. Hier wurde weder ethisch noch achtsam und schon gar nicht verantwortungsvoll gehandelt. Daraus sollten wir zu lernen imstande sein!

Ein anderer Journalist stellte mir einmal die Frage: »Wie würden Sie den gegenwärtigen Zustand der Erde in umweltethischer Perspektive beschreiben, und was ist aus buddhistischer Sicht unter ›Umwelt‹ zu verstehen?« Ich antwortete ihm, dass wir im Buddhismus davon sprechen, dass der Zustand, in dem wir uns und unsere Umwelt befinden, das direkte Resultat unserer früheren, in diesem Fall kollektiven Handlungen und Anstrengungen ist, also demgemäß die jetzige Sachlage keine besondere Überraschung, jedoch eine große Herausforderung für uns alle darstellt. Wir dürfen die Umwelt nicht als ein Außen, sondern müssen sie als Teil unseres Selbst begreifen. Für die meisten Menschen ist Umwelt das, was nicht sie persönlich sind, das, was um sie herum ist und passiert. Wir Buddhisten sprechen aber von Interdependenz, also der Abhängigkeit von allem und jedem zueinander.

Ein anderer Begriff dafür ist Leerheit. Dieser Begriff wird oft falsch verstanden und missbraucht als Nihilismus: »dann brauche ich mich ja um gar nichts mehr zu kümmern«. Doch besagt diese Leerheit ganz im Gegenteil, dass es nichts gibt, das nicht in Abhängigkeit zu anderem entsteht, oder dass nichts in absoluter Unabhängigkeit aus sich selbst ersteht. Nehmen wir eine Blume: Damit sie wachsen kann, benötigt sie Wasser, Erde, Sonne, nur dann entsteht aus dem Samen oder der Knolle eine prachtvolle Pflanze. Dadurch ergibt sich eine auf das Ganze bezogene Betrachtungsweise, die unsere Tendenz, uns abzugrenzen, verhindern soll. Statt uns abzugrenzen, sollten wir umarmen – sowohl im bildlich übertragenen Sinn als auch tatsächlich. Wir sollten von dieser Blume lernen und unsere Hand ausstrecken, um gemeinsam das Beste für uns alle zustande zu bringen!

Nehmen wir die Katastrophen, die wir zu Beginn des 21. Jahrhunderts erlebten und, wenn wir nicht radikale

Veränderungen herbeiführen, weiterhin erleben werden: Die (Um-)Welt kann des Menschen Hand nicht mehr verkraften und schlägt täglich zurück. Wir sehen den Beginn in der weltweiten Wirtschaftskrise, während deren all das, was wir Menschen in unserer Gier und unserem Eigennutz hervorbrachten, zusammenbrach. Sie scheint im Nachhinein wie der Startschuss zu einer Welle des Aufbegehrens der Erde. In Japan bebte die Erde und erzeugte eine weltweit bedrohliche Strahlenbelastung durch Atomkraftwerke, die dem Druck der Erde und des Wassers niemals standhalten können. Wir reagieren auf diese Katastrophen mit Unverständnis und Überraschung, während uns Experten schon lange vor den absehbaren Folgen und berechenbaren Geschehnissen gewarnt haben. Ich bin weder Experte, noch maße ich mir eine detaillierte Einschätzung naturwissenschaftlicher, ökonomischer oder ökologischer Disziplinen an, aber mein gesunder Menschenverstand sagt mir, dass der Profit für wenige auf dem Rücken und zu Lasten vieler zu verheerenden Auswirkungen für alle führen muss. Und: dass wir endlich aufwachen und Strategien entwickeln müssen, die für alle Lebewesen dieses Planeten auf lange Zeit von Vorteil sind. Wir können uns nicht länger blind und taub stellen. Damit meine ich nicht, dass wir alle in Panik geraten sollen oder gar Umweltaktivisten werden sollen, doch wir müssen tatsächlich unser gesamtes kreatives Potential darauf verwenden, nicht zu kommentieren, sondern zu agieren, jeder Einzelne von uns. Es ist nicht genug, auf die bösen Autos zu schimpfen und selbst einen Spritschlucker zu fahren, anstatt auf den öffentlichen Verkehr umzusteigen. Jeder Einzelne kann maßgeblich zu einer lebenswerteren Welt beitragen: durch Verzicht, durch Abwägen der Vorteile und Risiken. Im Blick sollte dabei immer das Wohl aller stehen und nicht die eigene Bequemlichkeit, Gier und Verantwortungslosigkeit.

In Indien zum Beispiel gab es früher so gut wie kein Abfallproblem. Snacks wurden in Bananenblätter gewickelt, Taschen waren geflochten, die Dinge des täglichen Bedarfs wurden unverpackt verwendet oder weitergegeben. Die wenigen natürlichen Verpackungen, die zum Einsatz kamen, landeten nach ihrer Verwendung wieder im Kreislauf der Natur. Heute kauft man in den kleinsten indischen Dörfern fast die gleichen Produkte wie in westlichen Supermärkten – alles fein säuberlich und knallbunt in Plastik verpackt. Genauso schauen die Wegränder und Böschungen des Landes aus. Überall liegt Abfall herum, ganze Flüsse sind zu vermüllten Rinnsalen geworden. So entschied sich der Bundesstaat Himachal Pradesh, in dem auch mein Elternkloster Palpung Sherab Ling liegt, wo ich einige Jahre lebte und unter Anleitung meines Lehrers studierte und praktizierte, den Verzicht von PVC zum Gebot zu erheben und Plastiktragetaschen ganz zu verbannen. Die Frauen gehen wieder mit ihren eigenen Taschen und Körben einkaufen, und ein guter Teil der Umweltprobleme ist gebannt.

Gyalwa Karmapa, das Oberhaupt der Kagyu, einer der vier großen Traditionen des Tibetischen Buddhismus, steckt viel Energie und Zeit auch in die umwelttechnische

Erziehung der Nonnen und Mönche, ja ganzer Klöster. Er veranstaltet Umweltkonferenzen, um den richtigen Umgang mit Wasser, Pflanzen, Ressourcen allgemein zu veranschaulichen und verpflichtend weiterzugeben, und vor kurzem erschien sein Beitrag in einem wissenschaftlichen Magazin zum Thema »Umwelt und Buddhismus«. Damit wir uns nicht alle selbst zugrunde richten, braucht es inzwischen nicht mehr nur die geistige Bereitschaft zur Veränderung, sondern das kreative Anpacken jedes Einzelnen von uns. Und das geht vollkommen einher mit der Lehre Buddhas. Wir sollten aber derart »buddhistisches« Engagement nicht als politisch korrekte Strategie verstehen, um uns Gläubige besser in der Öffentlichkeit zu präsentieren, denn wir sind alles andere als (Umwelt-)aktivisten. Vielmehr arbeiten wir stetig daran, Achtsamkeit und Gewahrsein ununterbrochen, in allen Lebensbereichen, in jeder Minute unseres Daseins zu praktizieren: Wir setzen damit schlicht die Lehre der Interdependenz aktiv in die Praxis um. Nicht mehr, aber auch nicht weniger.

Dazu passt eine weitere grundlegende buddhistische Erkenntnis. Wir dürfen uns nicht der Veränderung verschließen, sondern müssen sie annehmen, denn alles im Leben ist stetigem Wandel unterworfen. Nichts ist, wie es gerade noch war, und nichts wird wieder so sein, wie wir es momentan erfahren, denn alles unterliegt dem Gesetz der Unbeständigkeit. Das Erblühen einer Pflanze zieht deren Verwelken, die Geburt eines Menschen dessen Tod nach sich, und dennoch verleugnen wir diese Tatsache so lange, bis sie uns angeblich unvorbereitet und schlagartig trifft. Wir fürchten uns davor, dass sich unsere Planung, unsere Ideen, unsere so sorgfältig geordnete Welt auch nur minimal verändert, dass wir uns der Rolle des Regisseurs unseres Lebens entheben und zum Statisten degradieren. Obwohl wir heute langsam global zu denken beginnen, fühlen wir zumeist dennoch ausschließlich persönlich. In unserem Egoismus gefangen, hemmen wir alles und jeden, besonders aber uns selbst. Wenn wir uns aber der Tatsache der Unbeständigkeit und Veränderlichkeit unserer Welt bewusst wären, würden unsere Toleranz, unsere Flexibilität, auch unsere Fähigkeit zum Glück erwachsen.

Buddhisten leben im beständigen Bewusstsein der Unbeständigkeit allen Daseins. Wir vergegenwärtigen uns immer wieder die Tatsache, dass alles, was entstanden ist, auch wieder vergehen wird und nichts letztendlichen Bestand in dieser relativen Welt hat. Nicht, um uns die Freude am Leben zu nehmen, sondern ganz im Gegenteil diese zu erhöhen. Aber wie kann unser Leben freudvoller sein, wenn wir uns täglich vor Augen führen sollen, dass alles wieder zusammenfällt, vergeht und verschwindet? Ganz einfach! In der Wertschätzung der Gegenwart. Wir lernen, dass langes Ausschweifen in die Vergangenheit ebenso wie endloses Nachdenken über die Zukunft uns der Gegenwart beraubt und wir, anstatt diese freudvoll zu erleben, uns des Moments berauben.

Dennoch überlassen wir natürlich nicht alles dem Zufall. Auch wir planen, bereiten vor, doch wir tun dies mit einer anderen inneren Einstellung. Ich halte meine Schüler dazu an, sich selbst, ihr Leben, ihre Pläne von einer weiter entfernten Warte aus zu betrachten und zu überprüfen, um möglicherweise zu neuen Erkenntnissen zu kommen. Durch unsere Meditation entsteht diese Aufweichung unserer Ich-Bezogenheit als Nebenprodukt unserer spirituellen Entwicklung. Wir werden entspannter, ruhiger, ausgeglichener, die Versklavung unserer selbst beginnt zu zerbröckeln. So betrachtet, kann Veränderung zwar einen momentanen Verlust mit sich bringen, der jedoch neue Fülle ermöglicht.

Oft fragen mich meine Schüler: »Wie kann ich etwas, das mir im Kopf ganz klar ist, ins Herz bringen.« Und genauso andersherum: »Wie kann ich etwas, das ich in meinem Herzen spüre, auch mit dem Verstand begreifen.« Eine ähnliche Frage stellte mir vor kurzem eine Journalistin: »Woran liegt es ihrer Meinung nach, dass viele Menschen im Grunde wissen, was in ihrem Leben wesentlich ist und was ihnen eher schadet, und dennoch schaffen sie es nicht, sich frei zu machen, zum Beispiel vom Konsumzwang?«

Ich antworte darauf zumeist mit einem einzigen Wort: Konditionierung. Ich spreche dabei von aktiver Konditionierung, also dem Resultat unserer eigenen Bemühungen, ganz im Gegensatz zu passiver Konditionierung, wie das Wort oft verstanden wird, also das Resultat der Aktivitäten *anderer*. Wir legten uns im Laufe der Zeit eine gewisse Strategie zurecht, Dinge zu bewerten, zu kategorisieren und stereotyp zu (be)handeln. Die Grundlage dieser Strategie ist zumeist die Frage: Nützt oder schadet mir, was ich tue?

Das tun wir so lange, dass und bis es zum Automatismus wird. Vor kurzem erzählte mir eine meiner Schülerinnen, dass man einem Kind, dem man etwas beibringen möchte, dies sechshundertmal erklären und wiederholen muss. So geht es auch uns, wenn wir eine neue Konditionierung erreichen wollen. Theoretisches, punktuelles Verstehen reicht einfach nicht, es braucht die praktische Umsetzung, die Anstrengung und Übung. Wie ein angehender Sportler, der sich zunächst theoretisches Wissen in Kombination mit der Übung am Sportgerät aneignet, um erst in den Lokalverein und von da in die nächste Liga aufgenommen zu werden. Der Sportler übt täglich, um seine Fähigkeiten zu verbessern und das Maximale aus sich herauszuholen. Wir aber, wenn es darum geht, uns selbst zu unserem eigenen besseren Leben zu verhelfen, lehnen uns zurück und übertragen die Verantwortung für unsere Zufriedenheit und unser Glück anderen. Dabei sollten wir aber eigentlich ebenso denken und handeln wie das Kind beziehungsweise der Sportler.

Die Fragen meiner Schüler und jener Journalistin erinnern mich an das Bild der drei Affen: nicht sehen, nicht hören und nicht sprechen *wollen*. Wir verstellen uns, um der Weisheit unseres Herzens zu *entgehen*, um zugleich in wilder Sehnsucht nach ihr zu *vergehen*. Jeder von uns erschafft sich sein eigenes Feld. Und würden wir aus der Entfernung auf unsere Existenz schauen, sähen wir ganze Sternkonstellationen, Milchstraßen, Universen, die für sich funktionieren und dennoch in irgendeiner Art und Weise miteinander verbunden sind. Im Buddhismus sprechen wir vom Mikrokosmos, der das Abbild des Makrokosmos ist, und umgekehrt. Alles, was im Kleinen passiert, findet seinen Widerschein im Großen. Mein Lehrer verglich einmal die Menschheit mit einem Schlafsaal: Wenn ein Kind Schnupfen hat, wird es nicht lange dauern, bis alle anderen Kinder zuerst die Symptome, dann die volle Krankheit entwickeln.

Wenn wir an unsere Gesundheit denken, glauben wir zumeist und handeln natürlich danach, dass sie etwas außerhalb von uns ist, das nur dann für uns interessant wird, wenn wir im Begriff sind, es zu verlieren. Wir malträtieren unseren Körper so lange, bis er rebelliert und aufbegehrt. Dann bekämpfen wir die Symptome, ohne die Wurzeln der Krankheit aufzuspüren. Haben wir Kopfschmerzen, nehmen wir einfach Tabletten und verschwenden keinen Moment darauf, den Ursachen auf den Grund zu kommen. Dabei können diese so vielfältig sein! Dazu kommt, dass wir verschiedene Temperamente haben, und auch unser physisches Pendant variiert. Manche von uns sind »hitzige« Typen, schnell erregt, bevorzugen zum Beispiel Zitrusfrüchte, Nachtschattengewächse, also alles, was kühlt. Andere hingegen sind eher fröstelnd, mit kalten Gliedmaßen, mögen Nahrung, die wärmt – Schokolade, Nüsse etc. Das Kopfweh dieser beiden Typen hängt also tendenziell mit Hitze oder Kälte, mit unserem energetischen Haushalt zusammen, und demgemäß können Kühlung beziehungsweise Erwärmung Heilung bringen.

Wenn wir also herausfinden, was für eine Art von Typ wir sind, haben wir eine grundsätzliche Leitschnur, wie wir unsere Gesundheit in der Balance halten können. Denn Gesundheit ist im Grunde, vereinfacht gesprochen, nichts anderes als die Balance des Körpers und seiner Energie, wohingegen Krankheit deren Ungleichgewicht ist. Wenn wir also generell herausfinden möchten, was für eine Art Typ wir sind und welche Nahrungsmittel zu unserem Körper am ehesten passen, auch um präventiv gewissen Tendenzen zuvorzukommen, so empfehle ich, Ärzte der Traditionellen Tibetischen Medizin oder auch der Traditionellen Chinesischen Medizin aufzusuchen und den eigenen Typ bestimmen zu lassen. Klar ist aber natürlich auch, dass es bei einem gebrochenen Arm nichts nützt, sich Nahrungstipps und Kräuter oder Massagen zu holen.

Genauso ist es bei der spirituellen Praxis. Wir sind alle verschieden, also braucht jeder von uns eine Art der Meditation, die geeignet ist, unser spezifisches individuelles Ungleichgewicht auszugleichen.

Natürlich wissen wir, dass wir vernünftig mit unserer Gesundheit umgehen sollten, aber in der Praxis fehlt es uns dann an Entschlossenheit, Durchhaltevermögen und Einsatz. So dreht sich bei den meisten die Spirale des »Nicht-auf-sich-Aufpassens« immer weiter. Wir sollten deshalb analysieren, warum wir gesund sein wollen. Nur damit wir ein längeres Leben haben und damit mehr Spaß, Vergnügen und Zeitvertreib? Wir Buddhisten gehen die Sache anders an: Wir wissen einerseits, dass Leben vergänglich ist, andererseits fühlen wir uns für alle Taten selbst verantwortlich. Unser Mitgefühl mit den Wesen, unser fester

Entschluss, ihnen beizustehen, unser Wunsch, sie zum Erwachen ihres Herzens führen zu wollen, hindern uns daran, selbstsüchtig mit unseren Körpern und unserer Gesundheit umzugehen. Je gesünder wir sind, desto besser können wir im Dienste der anderen stehen. Natürlich wäre es falsch, der Illusion zu verfallen, dass *alle* Buddhisten gesund leben, nicht rauchen, kein Fleisch essen etc., denn wir alle haben verschiedene Kapazitäten. Aber wir *bemühen* uns zumindest ehrlich, dorthin zu kommen, weil wir verstehen, dass Körper und Geist miteinander verbunden sind und dass unsere Körper, unsere Gesundheit die Welt draußen im Kleinen widerspiegeln.

Wir leben in einer Welt voller Katastrophen jeglicher Art, und unsere Körper sind ebenso aus der Balance. »Beschützt die Erde. Lebt einfach. Agiert mit Mitgefühl. Unsere Zukunft hängt davon ab!« (17. Gyalwang Karmapa Orgyen Trinley Dorje) Buddhisten sind keine Radikalen, aber wir versuchen, unseren Beitrag zu einem besseren Gesamten zu leisten. Wir bemühen uns, unser Schäuferl, wie wir Wiener sagen, zum Ganzen beizutragen. Denn die »reinste Form des Wahnsinns ist es, alles beim Alten zu lassen und gleichzeitig zu hoffen, dass sich etwas ändert« (Albert Einstein).

Diese Gedanken sind gleichsam die Kurzversion unserer grundsätzlichen philosophischen Überlegungen und die Basis, um mit spiritueller Praxis beginnen zu können. Wir praktizieren nicht für uns. Wir praktizieren für alle und alles, umfassend. Einmal fragte mich ein Schüler: »Und wo bleibe *ich* dabei, wenn ich immer nur an alle denke?« Ich antwortete: »Wenn wir an alle denken und alle in unsere Gebete und Wünsche einschließen, dann sind wir automatisch mit erfasst!« Wir wollen unsere Existenz nicht verleugnen, einzig den Schwerpunkt der Betrachtung von uns selbst und unserer Eigenliebe zum Gesamten, dem Vollständigen, lenken. Dies ist die Voraussetzung für eine Weiterentwicklung.

# Mein neues Leben

Geschmückt in Disziplin,
Vereint mit den Elementen,
In Freiheit erhoben:

Ist nun so dieser
Einst rastlose Drachen
Ein gezähmtes, schnurrendes Kätzchen.

Als ich nach meiner Ordination zurück nach Wien reiste, besuchte ich gleich nach meiner Ankunft die Hochzeit eines meiner Halbbrüder. Die gesamte versammelte Gesellschaft, die mich zu solchen Anlässen nur piekfein gekleidet kannte, war entsetzt, als sie mich sah. Ich war in Zivil, um meinem Stiefbruder nicht den Tag zu verderben und die Aufmerksamkeit zu sehr auf mich zu lenken, aber meine kurze Stoppelglatze, obgleich bereits ein wenig nachgewachsen, konnte ich natürlich nicht verbergen und sorgte so für heftigen Gesprächsstoff. Bekannte meiner Eltern ließen sich, schon ein wenig angeheitert, über die optische Zumutung aus, die ich in ihren Augen war. Ich versuchte, es gelassen zu nehmen, denn ich wusste ja, es würde nicht das letzte Mal sein, dass man mir nicht wohlgesinnt war. Auf der Straße pöbelte mich einmal ein alter Mann an, der mir entgegenkam: »A Madel ohne Hoa, des is des Schlimmste.« Was tut man in so einer Situation? Ich habe mich entschlossen, meinem Gegenüber in so einem Moment mit einem breiten Grinsen zu begegnen und ihm damit gleich den Wind aus den Segeln zu nehmen. Das funktioniert immer und ist, ganz nebenbei, mein Patentrezept für solche und ähnliche Situationen. Es führt aber nur dann zum Erfolg, wenn unser Lächeln auch *ernst gemeint* ist, wenn wir unseren Konterpart nicht *aus-*, sondern aus unserem Herzen *anlachen*, was ein fundamentaler Unterschied ist. Je mehr wir uns der seelischen Drangsal, die der Streiter offensichtlich verspürt, denn sonst würde er nicht angreifen, gewahr werden, desto umfassender, ehrlicher und aufrichtiger wird unser Lachen sein. Das braucht anfangs ein bisschen Übung, die sich jedoch allemal auszahlt.

Ein anderes Mal war ich in einem Park unterwegs. Eine Gruppe Jugendlicher sprang um mich herum und keifte »Hare Krishna, Hare Krishna«, um mich zu verspotten. Als ich ihnen antwortete: »Nix Hare Krishna, Dalai Lama!«, waren sie so verblüfft, dass sie prompt verstummten und lammfromm, verunsichert, aber fröhlich von dannen zogen. Im Buddhismus werden wir gelehrt, dass alles nur eine Sache des Geistes und unserer Wahrnehmung ist. Die Art und Weise, wie wir unsere Umgebung, unser Umfeld *wahrnehmen*, ist vollkommen subjektiv und damit natürlich immer durch Gegenargumente widerlegbar. Wienerisch ausgedrückt würde das dann in etwa heißen: »Nix is fix«, alles ist veränderlich und ständigem Wandel unterworfen. Viele Menschen reagieren auf diese Erkenntnis, die sie etwa aus Online-Lexika oder schlecht übersetzten buddhistischen Büchern beziehen, mit tiefer Unsicherheit und verstehen die Tatsache, dass alles Leiden ist, vollkommen falsch und verbauen sich damit jegliche Möglichkeit, die wahre Seele Buddhas zu erkunden, die das genaue Gegenteil dazu ist: wahres, tiefes Glück des Herzens. Dieses unabänderliche Glück ist in uns allen, doch der Zugang zu ihm bleibt uns verwehrt, wenn wir uns nicht aufmachen, die Versteinerung unserer Herzen zu lösen. Denn wäre unser Herz tatsächlich elastisch, wäre es in der Lage, wirklich jegliche Situation zu meistern.

Wenn wir uns also der Tatsache, dass alles und jedes veränderlich ist, wirklich bewusst sind und sie nicht nur intellektuell abrufen, wenn wir es als reines, nennen wir es Naturgesetz zu einem Teil unserer selbst machen, kann Freude unser Herz erfüllen. Wenn wir die Dinge erkennen, die nicht durch unser Zutun abgeändert werden können, ist es richtig, passiv zu sein. Ebenso, wie dort zuzupacken, wo wir etwas verändern können. So kann man sagen: Wir Buddhisten sind echte Pragmatiker!

Nachdem ich nun wieder in Wien war, machte ich mich daran, mein Hab und Gut in alle Winde zu verstreuen. Mein nunmehriger Ex-Mann, Freunde, alle halfen mit, all die Dinge an den Mann und die Frau zu bringen, die daran Freude haben würden: Seidenmorgenmäntel, Designerwäsche aus teuren Innenstadtboutiquen, unzählige Paar Schuhe jeglicher Form und Farbe, Taschen, Kostüme, Markenware, soweit das Auge reichte. Meine Garderobe war zeitlos klassisch, ich hatte sie mit wenigen auffälligen saisonalen Accessoires immer wieder aufgefrischt. So war so gut wie alles verwendbar. Ich war fröhlich, wenn sich jemand über das so Erstandene freute. Es war wie ein riesiger Berg der Belastung, der vor meinen Augen Stück für Stück abgetragen wurde. Das meiste ging in den Besitz meiner Bekannten und Freunde über, eine riesige Schachtel verschifften wir nach Japan zu einer Freundin. Als es vollbracht war, war ich erleichtert: Alles, was Ausdruck meiner früheren neurotischen Versuche war, Zufriedenheit durch Äußeres zu erlangen, war nun verteilt. Ich kam mir vor wie der Weihnachtsmann, der allen Menschen Geschenke machen darf. Und meine Robe, wenn ich sie mit meiner weinroten Winterjacke mit weißem Fellkragen und roter Mütze gemeinsam trage, ähnelt ja tatsächlich auch dem Look des Santa Claus. Zumindest finden das die Menschen in den Straßen in der Adventszeit und sprechen mich häufig als solchen an. Nun, da meine Dinge erfolgreich verteilt waren, konnte ich den nächsten Schritt tun.

Ich bereitete mich darauf vor, »nach Hause« zu kommen, und machte mich auf den Weg nach Indien in das Kloster meines Lehrers Tai Situ Rinpoche, in dem ich einige Jahre verbrachte, um zu lernen und zu praktizieren. Mein Weg führte über Nepal, ich wollte mich von meinen Freunden im Kloster dort verabschieden und meine letzten Sachen, die ich eingelagert hatte, abholen oder verschenken. Kaum war ich dort angekommen, stellte mir der Abt seine eigenen Räume zur Verfügung, er selbst zog in ein kleines Zimmer. Alle Freunde bereiteten mir einen sagenhaften Empfang, und so hatte ich sein kleines Schlafzimmer mit eigenem Bad und davorgelagert den riesigen Empfangsraum, in dem ich zuvor den jungen Tulku unterrichtet hatte. Ich freute mich, meine alten Freunde wiederzusehen. Nun ging es aber an die Planung der Reise nach Indien. Wir überlegten, wie ich am sichersten nach Sherab Ling, das Kloster meines Lehrers Tai Situ Rinpoche, kommen würde. Der Weg dorthin war damals um einiges schwieriger als heute. Mit dem Flugzeug würde ich zuerst nach Delhi fliegen und von da aus weiterreisen. Den Bus empfehle ich, wenn man schlechte Magennerven hat und der Geldbeutel es zulässt, nicht zu nehmen, denn der indische Deluxe-Bus entspricht in etwa dem, was bei uns sofort aus dem Verkehr gezogen würde, die öffentlichen Busse wären bei uns längst in der Schrottpresse gelandet. So fuhr man von Delhi aus am besten per Auto in den Norden, was je nach Zustand des Vehikels eine ungefähr vierzehnstündige Holperfahrt auf schlechten Pisten, Geröllwegen und engen, verschlungenen Serpentinenpfaden bedeutete. Heute kann man diese Strecke mittels eines Inlandfluges in nur einer Stunde erledigen.

Nach so einer Autofahrt musste ich mich immer mehrere Tage lang auf mein Zimmer zurückziehen, um mich zu erholen, da ich so gut wie immer die ganze Fahrt damit verbrachte, meinen Mageninhalt und alles, was dem Drang, mir Luft zu verschaffen, noch im Wege stand, gleichmäßig auf den Straßen, denen wir folgten, zu verteilen. Ich war schon immer ein schlechter Autofahrer. Sogar im Westen muss ich mich gut konzentrieren, um für niemanden zum Problem zu werden, speziell Kurven und schlechte oder hektische Fahrer fordern mich sehr. Aber Autofahren in Indien ist eine eigene Erfahrung. Wenn ich eine Autofahrt nicht verhindern oder durch einen Flug ersetzen kann, fahre ich deshalb grundsätzlich lieber nachts und versuche einfach zu schlafen. Um das zu ermöglichen, bereite ich mich mit mehreren Tagen Schlafentzug darauf vor.

All das wissend, überlegte der Abt, wie die Reise für mich erträglicher werden könnte, und so wurde Mingyur Rinpoche, der damals jedes Jahr einige Monate in und um das Kloster in Nepal verbrachte und mir inzwischen gut bekannt war, gefragt, wann er zurückführe nach Palpung Sherab Ling, wo er lebte und dessen Klausurmeister er war und immer noch ist. So flog ich mit ihm und seinem Begleiter zuerst nach Delhi, und von dort aus brachte uns ein Jeep in den Norden. Trotz der vergleichsweise komfortablen Fahrt kam ich vollkommen gerädert im Kloster an.

Palpung Sherab Ling liegt in den sanften Ausläufern der Dhauladhar-Berge, im Kangratal, im indischen Bundesstaat Himachal Pradesh, inmitten von pittoresken Pinienwäldern. Himachal wird begrenzt von den indischen Regionen Jammu und Kashmir im Norden, Westtibet im Osten, dem Bundesstaat Haryana im Süden und Pakistan im Westen. Das Kangratal schmiegt sich sanft an den Fuß der Gebirgsketten der Ausläufer des Himalaya, und seine ländliche Idylle steht im starken Kontrast zu anderen indischen Regionen. Das Kloster liegt etwas abseits des regen Treibens, inmitten eines dichten Pinienwaldes. Auf der einen Seite grenzt in einiger Entfernung die kleine indische Geschäftsansiedlung Baijnath, die berühmt ist für ihren hinduistischen Tempel aus dem 13. Jahrhundert, an das Kloster, auf der anderen Seite liegt die tibetische Siedlung Bir, wo es einige weitere Klöster und eine tibetische Gemeinschaft gibt. Beide Dörfer können zu Fuß erreicht werden, und in meinen ersten Jahren im Kloster spazierte ich des Öfteren dorthin, anstatt mit einem Taxi zu fahren, um Geld zu sparen und auch um die wunderbare Landschaft besser erleben zu können.

Es war das erste Mal, dass ich allein und in Robe hierherkam. Bei meinem ersten Aufenthalt war ich mit meinem Mann gereist, als ich im Zuge der Recherche für das Buch auch dieses Kloster mitten im Wald aufsuchte, um offene Fragen beantwortet zu bekommen und Fotos zu machen. Damals war das neue Kloster noch im Rohbau gewesen. Inzwischen hatte man mit dem Innenausbau begonnen. Es war riesig! Ich bezog ein kleines Zimmer im damaligen Gästetrakt, einem Anbau an das alte Kloster. Derzeit wohnen dort noch die Universitätsmönche, die nach Fertigstellung ihres neuen Universitätsgeländes wiederum umziehen werden. Da ich mit einem Rinpoche angereist war, wurde ich die ersten fünf Tage, so die Regel des Klosters, von der Rinpoche-Küche mitversorgt. Eines Tages klopfte ein Mönch an meine Tür und fragte mich in gebrochenem Englisch, woher ich käme. Ich entgegnete, ich käme aus Österreich, und die Kunde verbreitete sich sogleich. Als wenig später ein weiterer Mönch in mein

Zimmer kam, um mir zu verkünden, dass noch jemand aus meinem Herkunftsland zugegen sei, dachte ich bei mir: Jaja, ihr habt mal wieder Schwierigkeiten, zwischen Austria und Australia zu unterscheiden. Doch kurz darauf stand zu meiner Freude ein junger Bursche aus Wien in meinem Raum.

Meine Ankunft im Kloster fiel mit der Heimkehr meines Lehrers Tai Situ Rinpoche von einer fünfjährigen Welttournee zusammen, während deren er lehrte und den unzähligen Einladungen von Zentren in der ganzen Welt Folge geleistet hatte. Kurz nachdem ich mich eingelebt hatte, verbreitete sich die Nachricht seiner baldigen Ankunft wie ein Lauffeuer unter den Mönchen und Laien, die um das Kloster lebten. Ich war dabei, als ihn die alten Mönche voller Rührung, manche mit Tränen in den Augen, empfingen und ihn, als hätte er sein Zuhause erst gestern verlassen, wie selbstverständlich in seine Räume geleiteten.

Es war die Zeit, als das neue Kloster gerade begann, gut sichtbare Fortschritte zu machen. So lebten alle Mönche noch im alten Gebäude, während weiter unten die riesige Baustelle peu à peu den wunderbaren Neubau freigab und wie aus dem sprichwörtlichen Nichts entstehen ließ. Ein Wald aus Bambusgerüsten in und um das zukünftige Kloster verlieh der Szenerie einen ganz besonderen Reiz. Ich war immer wieder nach Beendigung des Arbeitstages, als die Baustelle leer war und die Menschen nach Hause gegangen waren, in den Rohbau hineingeklettert, um die Konstruktion zu erkunden. Wie ein Pionier schlich ich mich durch halbfertige Korridore, Stockwerke und Räume und war ganz erfüllt von der Erhabenheit dieses neu entstehenden Wunderwerks, das Ausdruck tiefen Vertrauens und vollständiger Hingabe an Buddha war. Hier würden wir ihn preisen und jenen geschützten Rahmen haben, um uns ihm sicher zu nähern. Bis auf die Baustelle war damals alles ziemlich ruhig auf dem Gelände, es gab noch nicht die knapp tausend Mönche, denen das Projekt heute eine spirituelle Heimat bietet, alles war sehr familiär. In den warmen und heißen Monaten hatten wir oft Wassernot, einmal schloss der Koch sogar den Hauptwasserhahn, der vor seiner Küche lag, um zu gewährleisten, dass genügend Wasser für die Ernährung der Mönche zur Verfügung stand, Trinkwasser wurde rationiert. Waschen war dann ebenfalls unmöglich. Ebenso stand das ganze Kloster, mich eingeschlossen, häufig bei unserer »Krankenschwester«, einem medizinisch ausgebildeten Mönch, Schlange, um der Bakterien, die uns und unsere Innereien lahmlegten, Herr zu werden. Er wurde zu einem meiner besten Freunde, und so unternahm ich mit ihm gemeinsam Trips, unter anderem ins Krankenhaus nach Dharamsala mit dem öffentlichen Bus, um eine kranke Nonne zu besuchen. Zwar war man so ganze sechs Stunden für eine Strecke unterwegs, aber es kostete nur sechs Rupien. Von ihm erhielt ich später, bevor ich Indien verließ, um in die Klausur zu gehen, Teile meiner rituellen Gegenstände, die ich benötigte: eine alte Glocke und Vajra aus seinem persönlichen Familienbesitz. Von Rinpoches altem Schreinmeister bekam ich aus demselben Anlass eines seiner Dhamarus, die er in seinem persönlichen Schrein in seinem Zimmer aufbewahrte, geschenkt. Beide Ritualgegenstände sind unerlässliches »Werkzeug« für die unsagbar vielen Liturgien und Rituale des Vajrayana. Das Leben im Kloster war beschaulich, aber auch ein so ganz anderes und für mich viel freieres Leben als jenes, das ich verlassen hatte. Ich war zu Hause.

Bald nach Ankunft meines Gurus erbat ich eine Audienz mit ihm, und da ich einigermaßen planlos war, erhoffte ich mir genaue Instruktionen zu dem, was ich erwarten, lernen und tun dürfte. Als Erstes bekam ich ein neues Zimmer in einem fast fertigen Teil des Neubaus, der ansonsten noch menschenleer war. Rinpoche selbst besuchte die Baustelle regelmäßig, um ihren Fortschritt zu begutachten und Korrekturen zu veranlassen. So brauchte es viel mehr Zeit und Blattgold als geplant, um die Hauptstatue im großen Schreinraum fertigzustellen, und das Team an Handwerkern musste ausgewechselt werden, bis das Gesicht tatsächlich ikonographisch richtig und mein Guru, selbst ein begnadeter Künstler, damit zufrieden war. Ich war der erste Mensch, der dort wohnte, abgesehen vom Generalsekretär, der sein Zimmer inmitten der Baustelle bezogen hatte, um in engem Kontakt mit den Arbeitern zu sein. Rinpoche fragte mich später einmal, ob ich mich nicht fürchtete in dem großen, einsamen Anwesen, so ganz allein. Nein, ich war furchtlos, im Gegenteil, ich fühlte mich unsagbar frei! Dann ließ mein Lehrer nach Mingyur Rinpoche schicken und bat diesen, mir in diversen Angelegenheiten zu helfen. Und so begann mein

Klosteralltag. Ich lernte mit Lehrern, die für mich aus-
gewählt wurden, praktizierte, suchte immer wieder, anfänglich täglich, meinen Guru auf, um Unklarheiten in
der persönlichen, spirituellen Praxis zu klären und seinen
Rat zu erbitten.

Die klassische klösterliche Ausbildung bei den Kindern in
Sherab Ling beginnt damit, dass sie einige Jahre die Ele-
mentarschule in einem eigenen Schulgebäude besuchen.
Dort lernen sie lesen, schreiben, Mathematik, Geographie,
Tibetisch, Englisch und was man sonst noch alles wissen
sollte. Da die Kinder in unterschiedlichem Alter ins Kloster kommen, sitzen manchmal ältere mit jüngeren Schülern in derselben Klasse. Danach beginnt ihre Ausbildung
im Kloster, die circa sechs Jahre dauert. Hier lernen die
Kinder die diversen Rituale, lernen, rituelle Musikinstru-
mente zu spielen, werden in den heiligen Tänzen ausgebildet, memorieren Liturgien und Gebete, einfach alles,
was im Kloster für den rituellen Ablauf notwendig ist.
Noch wissen sie nicht um den tieferen, spirituellen Hintergrund all dieser Rituale. Dieser wird erst viel später, wenn
sie beginnen, die verschiedenen Meditationen selbst zu
praktizieren, erläutert. Im Teenageralter entscheidet sich
dann, wer zu einer höheren philosophischen Ausbildung
an der Klosteruniversität geeignet ist und auch zugelas-
sen wird. Dann beginnt die neunjährige Studienzeit, die
verschiedene Disziplinen umfasst, wie die tibetische und
indische Geschichte des Buddhismus, manchmal Sanskrit, Linguistik, das Studium der Philosophie, Logik und

viele andere Gegenstände. Nach neun Jahren erreicht man nach erfolgreichen Studien den akademischen Grad eines Acaryas, danach entscheidet sich, ob man zum Khenpo ernannt wird oder nicht. Mein Guru trug mir das Studium spezifischer Texte auf, genauso wie er mich in meiner persönlichen spirituellen Praxis führte.

Neben meiner Ausbildung durfte ich für Tai Situ Rinpoche und das Kloster auch Fotojobs durchführen, und so dokumentierte ich wichtige Besuche, die Inthronisation Gangkar Rinpoches und anderer Rinpoches, die erste Zusammenkunft der vierten Inkarnation Jamgon Kongtrul Rinpoches mit meinem Guru, der beiden großen Palpung Rinpoches. Ich machte Aufnahmen der ersten Langlebenseinweihung, die mein Lehrer dem jungen Rinpoche im kleinsten Rahmen gab, und brachte einem meiner Freunde den Umgang mit einer Kamera bei. Als ich während eines Aufenthalts unaufhörlich dünner wurde, begann mein Guru, mich mit den Süßigkeiten, die er von Gläubigen während der Audienzen erhielt, zu versorgen. Auch ließ er mich wissen, dass ich, wenn ich Geld benötigte, ihm Bescheid geben solle. Er hätte zwar nicht viel, aber das, was er habe, würde er mit mir teilen. Einmal, als das Kloster hohen Besuch erwartete, war mein Lehrer im Audienzraum und schaute aus dem Fenster in den Klosterhof hinunter. Ich saß dort mit zwei Mönchen, dem Schreinmeister und noch einem anderen Freund, und unterhielt mich mit ihnen. Tai Situ Rinpoche deutete hinunter auf uns und wies einen von uns an, zu ihm hinaufzukommen. Der erste Mönch deutete fragend auf sich, um zu sehen, ob er gemeint war, doch mein Lehrer verneinte. Dasselbe passierte mit dem anderen Mönch, und wieder verneinte Rinpoche, also war klar, dass es um mich ging. So lief ich die zwei Stockwerke hinauf, um zu erfragen, was er von mir wolle. Seine Antwort war, ich solle gute und brauchbare Fotos von dem Besuch machen. Aber eigentlich sorgte er so auf seine Weise dafür, dass ich wirklich Teil seines Klosters war, dass seine Mönche und Lamas wussten, dass er wollte, dass ich dazugehörte. Ich war dabei, in diese gewaltige Familie hineinzuwachsen, viele neue Freunde zu finden, alle Barrieren, die mein Ego im Laufe der Zeit errichtet hatte, Stück für Stück einzureißen beziehungsweise einreißen zu lassen, meine Widerstände aufzuweichen, sie peu à peu abzutragen, meinem Herzen mehr Freiraum zu schaffen.

Meine Anwesenheit im Kloster war bereichernd, aber auch zunehmend spannungsreich. Auf der einen Seite respektierten mich die Mönche, nachdem sie mich eine Zeitlang auf Herz und Nieren geprüft und mich hatten zappeln lassen, mit einigen von ihnen entstanden gute Freundschaften. Auf der anderen Seite aber gab es all die gesellschaftlichen Reglementierungen, die in Asien verbreitet sind. So herrschte, wenn ich mit mehr als nur einem von meinen Mönchsfreunden zu tun hatte, normalerweise ein ganz anderes Gesprächsklima, als wenn ich nur einen von ihnen traf. Männer und Frauen sind in Asien noch sehr viel weniger gleichberechtigt als im sogenannten zivilisierten Westen. Jedes Geschlecht lebt die ihm vorgeschriebene Rolle und macht nur wenig Anstalten, diese zu durchbrechen. Natürlich ist Indien ein Land des großen wirtschaftlichen Aufschwungs. Vor allem in den letzten Jahren hat sich viel verändert, junge Frauen in den Städten werden selbstbewusster, gehen Jobs nach, haben Karrieren, studieren, stehen, was ihren gesellschaftlichen Rang betrifft, aber dennoch unter den Männern. Alleinerziehende Mütter werden in Indien nach wie vor verfemt und verfolgt. Im Kloster hatte ich also mit der Situation zu tun, dass ich einerseits von den Mönchen ganz spontan und natürlich wie einer von ihnen behandelt wurde, andererseits aber immer wieder daran erinnert wurde, dass ich eben doch eine Frau war.

Im Buddhismus sind Frauen und Männer vollkommen gleichwertig in ihrem Streben, dasselbe Ziel wie Buddha Shakyamuni zu erreichen. Da die Religion aber zumeist in Asien praktiziert wird, wo die Gesellschaft bezüglich der Geschlechter genau konträr dazu funktioniert und denkt, ergeben sich zwangsläufig im normalen zwischenmenschlichen Dasein große Diskrepanzen zwischen der Theorie und dem Alltag. Ich meine, wir sollten nicht allzu hochnäsig und herablassend sein, wenn wir uns dessen bewusst werden, denn selbst im gepriesenen Westen ist von einer Gleichberechtigung der Geschlechter im alltäglichen Leben noch längst nicht zu sprechen. Gehälter, gesellschaftliche Akzeptanz, Zugang zu Positionen, all das funktioniert nach wie vor zugunsten der Männer. Unsere Lehrer, bis hin zum Dalai Lama, verkörpern das genaue Gegenteil dazu. Tai Situ Rinpoche tut, was er kann, um diejenigen, die sich in seinem Umfeld bewegen oder mit

ihm verbunden sind, nachhaltig umzuerziehen. Der Gyalwang Karmapa und der Dalai Lama setzen sich ganz offen
für die Frauen ein, sorgen dafür, dass die Gläubigen ihre
uralten Verhaltensmuster zugunsten jener, die im Einklang mit dem Buddhadharma stehen, aufgeben, um sich
nicht allzu leicht von ihren kulturellen, unreflektierten
Angewohnheiten in die Irre führen zu lassen.

Bei meinem letzten Aufenthalt im Kloster Sherab Ling
2010, als ich mit einer Gruppe Schüler auf Pilgerreise
war, wurde ich in eine derartige Situation der Diskrepanz
zwischen Theorie und Praxis verwickelt. Ich wartete mit
meinen Schülern in dem Raum vor dem Audienzzimmer meines Lehrers. Als einer meiner Mönchsfreunde,
ein Teenager, der an der Klosteruniversität studiert, mich
sah, kam er sofort auf mich zu, und wir unterhielten uns.
Zwischen uns war es immer eine Art kindlicher Konkur-
renzkampf gewesen, herauszufinden, wer von uns beiden
der Größere sei. So hatten wir während meiner früheren Besuche mit meinen Schülern immer wieder direkte
Vergleiche angestellt, die die anderen Mönche kommen-
tierten, bis sie den Sieger in Zentimetern bekanntgeben
konnten. Wir sind im Übrigen etwa gleich groß. Als ein
Lama meines Alters uns im Gespräch sah, rief er den
jungen Mönch zu sich und wies ihn an: »Lama (eine vollkommen unzutreffende Anrede, da mein Freund Mönch
noch in philosophischer Ausbildung an der Universität ist
und mit den spirituellen, fortgeschrittenen Meditationen
bisher nur peripher Kontakt hatte), du hast nicht mit einer

Nonne (um mich also doppelt öffentlich zu demütigen) zu sprechen.«

Mein Lehrer fördert uns Frauen und Mädchen sehr. Er tut alles, damit seine Nonnen dieselbe Ausbildung wie seine Mönche erhalten und aus dem Schatten der Männer treten, oft unter deren Protest, und macht auch sonst wenig geschlechtsspezifische Unterschiede. So ist es heute so, dass, wenn große mehrtägige Rituale stattfinden, männliche und weibliche Lamas gemeinsam und nebeneinander daran teilnehmen und auch die jungen Nonnen, die regelmäßig ins Kloster kommen, um ausgebildet zu werden, schon ein bisschen mehr Selbstvertrauen haben als noch jene einer Generation früher.

Auf dem Klosterareal sind auch die beiden Dreijahresklausur-Zentren untergebracht – eines für Mönche auf der einen Seite des Klosters, eines für Nonnen auf der anderen, beide gut im Wald versteckt. Die Leiterin der Frauenklausur ist eine gute Freundin von mir, eine handfeste Frau aus dem gebirgigen Norden, der zwar zum tibetischen Kulturkreis gehört, aber politisch gesehen doch indisch ist. Somit hatte sie immer mit zwei Makeln zu kämpfen: eine Frau zu sein und nicht aus Tibet zu stammen. Sie hatte sich immer lautstark zur Wehr gesetzt, wenn sie sich ungerecht behandelt fühlte, und sich so Stück für Stück Gleichberechtigung und Ansehen in der Welt der Mönche erarbeitet. Solange ich im Kloster lebte, tat ich mit ihr gemeinsam alles, den Nonnen den Rücken zu stärken und sie zu mehr aktivem Auftreten in der Gemeinschaft anzuhalten. Ich war inzwischen bekannt wie ein bunter Hund und genoss offenbar einen gewissen Ruf. Wenn die jungen Tulkus, die in der Ausbildung waren, mich sahen, kam es nicht selten vor, dass sie, weil sie wieder einmal, anstatt zu lernen, lieber spielten, einander warnend zuriefen »Gegen!«, was Lehrer bedeutet. Da ich die spirituellen Biographien inklusive der vorherigen Leben von so vielen Rinpoches wie möglich für mein Buch erhalten wollte, hatte ich mit ihnen allen natürlich schon Bekanntschaft gemacht und zumeist von ihren Attendants die benötigten Informationen erhalten. Oft war ich auch einfach anwesend, wenn sie auf dem Dach mit einem kleinen Hund herumtollten oder sonst lebhafte Spiele trieben. Ich erinnere mich, als mein Guru seinen kleinen Hund bekam, der fortan als Wachhund vor dem Zimmer, in dem Rinpoche übergangsmäßig im neuen Klostergebäude lebte, immer lautstark und kläffend dafür sorgte, dass niemand sich der Tür näherte. Da ich damals meinen Lehrer öfter in diesem Teil des Klosters für Fragen jeglicher Art traf, war der winzige, aber sehr temperamentvolle Hund von Anfang an an mich gewöhnt und wedelt auch heute noch immer freudig erregt mit dem Schwanz, wenn ich komme. Hingegen schnappt und beißt er alle, die nicht dem engsten Kreis seiner Vertrauten angehören, inklusive der jungen Tulkus, die sich einen Spaß daraus machen, herauszufinden, wer wohl schneller ist – die Hundezähne oder ihre eigene Reaktionsfähigkeit.

Von Indien aus durfte ich im Mai 1999 auch nach Tibet zu Gyalwang Karmapa fahren. Ich war eingeladen worden, mit einer kleinen Gruppe zu reisen, die der Eröffnung der

Klosteruniversität in Tsurphu, dem Stammsitz der Karmapas, beiwohnen würde und deren Vertreter an deren Errichtung maßgeblich beteiligt gewesen waren. Wir, das waren drei Leute, trafen einander in Kathmandu, von wo aus wir per Wagen auf dem Landweg in die tibetische Hauptstadt Lhasa reisen wollten. Ich musste noch mein Visum auf der Botschaft in Kathmandu abholen und ging in Zivil, um keine Schwierigkeiten zu bekommen, denn Ordinierten wurde oft aus Prinzip die Einreise verweigert. Um den zivilen Eindruck zu verstärken, hatte ich schon in Indien begonnen, mein Haar wachsen zu lassen. Ich wies spezielle Papiere vor, die man uns gefaxt hatte, und erhielt schließlich nach einigen unangenehmen Blicken den begehrten Visumstempel in meinen Pass. Die mehrtägige Autofahrt bestritt ich in roten Jeans und gelbem T-Shirt, so trug ich wenigsten die »richtigen« Farben. Als wir von nepalesischem in tibetisches Terrain wechselten, veränderte sich auch die Landschaft radikal. Tibet ist sehr karg, zu beiden Seiten der Piste, der wir folgten, lagen steinerne Wüsten, die sich wie Giganten emporzuerheben begannen und stetig als stille Zeugen der vollständigen Veränderung eines gesamten Landes leise zu seufzen schienen. Ein eigenwilliger Geruch überwältigte uns, und der ständig aufwirbelnde Staub setzte sich in unserer Kleidung und unseren Lungen fest. Wir aßen in Lkw-Gaststätten, schlürften Nudelsuppe, schliefen in einfachen Unterkünften, passierten Gyantse und erreichten schließlich Lhasa, wo wir uns registrieren mussten. Meine Bekannten, erfahrene Tibetreisende, erledigten großzügigerweise auch für mich alles, denn es war ja »mein erstes Mal«. In Lhasa zog ich wieder meine Robe über, rasierte mir den Kopf und fühlte mich wieder wohler. Normalerweise machen das Ordinierte nicht, im Gegenteil, ich hatte schon viele Geschichten von Mönchen und Nonnen gehört, die die gesamte Reise in Zivil bestreiten mussten, um nicht in Gefahr zu geraten. Wir aber hatten eine offizielle Einladung vom Tsurphu-Kloster, in das wir uns sogleich aufmachen wollten, und so verließen wir die Stadt, die mir im Zentrum wie eine tibetische Filmkulisse erschien, während sie wenige Straßen weiter chinesisch urban war, mit all den Shops, Modernisierungen und anderen Annehmlichkeiten, die die Einwanderer mitgebracht hatten. Die Usurpatoren hatten wenige Straßenzüge im Zentrum erhalten, dessen Mittelpunkt der Jokhang-Tempel bildet. Jenseits der umliegenden Gassen und Wege allerdings wurden alle traditionellen tibetischen Gebäude abgerissen, um Platz zu schaffen für neue chinesische Gebäude, und nur unweit des Hauptplatzes, auf dem man vorrangig chinesische Straßenhändler ihre Waren anbieten sieht, beginnen die chinesischen Geschäfte mit allem, was das Herz der Einwanderer erfreuen könnte, speziell aber eine Unzahl an Prostituierten, die sich entlang der Straßen anbieten. Betrachtet man die Stadt von oben mit einigem Abstand, so sieht man uniforme Betonbunker, riesige Armeecamps und noch viel größere Gefangenenlager, in denen tibetische Patrioten gefoltert und ermordet werden. Die Bahn von Chengdu nach Lhasa tut das ihre, Tibets Hauptstadt zum Disneyland für chinesische Ausflügler zu machen, denen während der Besichtigung des Potala, des Palasts der Dalai Lamas, in geradezu rührender Weise Maos Heldentaten zur Befreiung der rückständigen Wilden eingebläut werden.

Die Stadt ist ein großes Freiluftgefängnis. Auf jedem Dach waren Überwachungskameras, und wir fühlten uns ständig beobachtet. So waren wir froh, in Richtung unseres eigentlichen Ziels unterwegs zu sein, und erklommen die schlechten Straßen nordwärts, wo wir sogar einiger Bäume und Sträucher ansichtig wurden. Lhasa liegt circa 3500 Meter über dem Meeresspiegel, das Kloster selbst nochmals 1000 Meter höher. Wir hatten prophylaktisch Aspirin eingenommen, um unser Blut zu verdünnen, eine Maßnahme, die allen Tibetreisenden empfohlen wird, um sich mit der Höhe zu arrangieren, da die Luft, je höher man gelangt, immer weniger Sauerstoff enthält. Die Fahrt war holprig, ich war aufgeregt und hatte Kopfschmerzen.

Im Kloster angekommen, kümmerten sich meine Bekannten, ein deutsch-tibetisches Pärchen, das schon oft hier gewesen war und freudig begrüßt wurde, erneut um alles Organisatorische. Wir erhielten gemeinsam ein Zimmer auf dem Universitätscampus, zu dessen Eröffnung wir ja gekommen waren. Da wir besagte Einladung erhalten hatten, durften wir für die Dauer unseres Aufenthaltes, also für zwei Wochen, auf dem Areal selbst wohnen, eine ganz besondere Ausnahme vom strengen Prozedere, das die Chinesen sonst vorschreiben. Anderen Besuchern erlaubt die Polizei in Lhasa nur einen Tagesbesuch im Kloster. Am Abend müssen sie zurückkehren. Wir wurden vom Kloster extra bekocht, umsorgt, und Gyalwang Karmapa empfing uns jeden Tag zu einer Audienz. Außerdem saß er jeden Morgen auf der seinen Räumlichkeiten vorgelagerten Terrasse auf dem Dach, schaute zu uns herüber und winkte uns in seiner gelben Seidenjacke, die in der Sonne wie Gold glänzte, zu. Es schneite jede Nacht, und die umliegenden Berge waren frühmorgens immer aufs Neue schneebedeckt. Ich war gefangen von der klaren Tiefe und Schönheit sowohl des Klosters als auch der zugegeben spärlichen Natur, die es umgab, mein Herz frohlockte unaufhörlich in dieser makellos heiligen Umgebung.

Es dauerte nicht lange, da hatte ich mich an die Höhenluft gewöhnt und plagte mich nicht mehr mit Kopfschmerzen, sondern erkundete die Berge im näheren Umfeld. Eines Tages kam die Klosterverwaltung zu uns und bat uns um Hilfe – nicht zuletzt wegen der Sprachbarriere: Ein Tourist war mit seiner Tochter ins Kloster gekommen, und diese hatte sich, sommerlich bekleidet, in die Berge aufgemacht. Da sie zur vereinbarten Zeit nicht zurückgekehrt war, war der Vater sehr besorgt. So gab ich die Information an die Mönche weiter, und diese begannen sofort, sich in alle Richtungen und Winde zu zerstreuen, um das Mädchen zu suchen. Glücklicherweise tauchte sie wenig später auf, ein Mönch hatte sie unversehrt entdeckt und war mit ihr zurückgekehrt. Wir alle waren erleichtert.

Die Zeit in Tsurphu war ein wahres Geschenk. Ich kann nicht in Worte fassen, wie glücklich wir waren. Wir durften den sakralen Tänzen beiwohnen, die zahllose Menschen anzogen, da Seine Heiligkeit selbst tanzen würde. Da Tibeter, wie bereits erwähnt, Meister des Drängelns und Schubsens sind, wurde der Kreis, innerhalb dessen die spirituellen Tänze dargebracht wurden, von stattlichen, großen Mönchen abgesichert. Nur ich durfte ab und zu in diesen Kreis, um ganz nahe an Gyalwang Karmapa heranzukommen und Fotos aufzunehmen. Dabei erinnere ich mich an eine Auseinandersetzung zwischen zwei Tibetern, die extra aus Amdo, einer der östlichsten Regionen Tibets, angereist waren, um dabei sein zu dürfen. Sie waren gerade nach längerem Rätselraten übereingekommen, dass ich wohl ein indischer Mann sein müsse, da ich so groß war und eine Robe trug, aber nicht tibetisch aussah, obwohl sich meine Hautfarbe aufgrund der Sonneneinstrahlung verändert hatte. Schließlich mischte ich mich in ihre Unterhaltung ein und sagte, dass ich eine westliche Frau sei, was sie vollends verstörte.

Die Menschen kamen auf den Ladeflächen von Lkws, vollgepackt und mit Zelten ausgerüstet, die sie rund um das Kloster aufbauten. Das Areal glich alsbald einer Zeltstadt. Ich erhielt auch die Möglichkeit, offizielle Fotos von Seiner Heiligkeit zu machen, und während ich mit den Reflektoren hantierte, schnappte sich Karmapa einen davon und begann, damit zu spielen. Die Aufnahmen fanden im Audienzzimmer in Anwesenheit von Sicherheitsleuten statt, die ziemlichen Druck und zeitlichen Stress ausübten. So nahm ich eine Serie auf dem neuen, hohen Thron auf und eine weitere sitzend hinter rotem Brokat, der auf eine Wand als Hintergrund aufgezogen wurde. Man musste vorsichtig sein mit dem, was man sagte und zu wem man es tat. Wir wussten, dass im Kloster als Mönche verkleidete Spione für die Chinesen waren. Dennoch freundete ich mich mit einem jungen Mönch an, mit dem ich mich täglich auf dem Dach der Klosteruni traf, einfach um »Spaß an der Freud« zu haben, wie man bei uns sagt.

Während des Aufenthalts in Tsurphu erhielt ich von Gyalwa Karmapa eine Tarastatue geschenkt, die heute in meinem Schrein in meinem Zimmer steht. Wir unternahmen auch Ausflüge, um die Umgebung zu erkunden, den Sommerpalast und andere heilige Plätze aufzusuchen, einmal bestiegen wir sogar kleine tibetische Pferde. Meine Bekannten sagten, ich sähe aus, als hätte ich niemals etwas anderes getan, als sie zu reiten. Ich war wirklich glücklich, und es schien mir ganz natürlich, in Robe auf dem Rücken des Tieres zu sitzen, das sich die steilen, felsigen und schmalen Wege selbstsicher entlangbewegte. Ich vertraute ihm einfach blind und genoss den Ausritt. Als es Zeit wurde, diesen heiligen Ort zu verlassen, wurden wir von einem Jeep des Klosters nach Lhasa gefahren. Sobald wir ausgestiegen waren, sammelten sich wie bei unserer Ankunft sehr zu meiner Beunruhigung, da es Gefahr für die Tibeter bedeutete, Menschen um mich herum und wollten meinen Segen erhalten. Noch nie zuvor hatten sie einen Westler in Robe gesehen. Es war, als wäre ein Alien auf ihrem Planeten gelandet. Sofort waren Polizisten in Zivil bei uns und sorgten dafür, dass sich die Versammlung auflöste. Eine ältere Frau ließ sich jedoch nicht abbringen. Sie strich mir unentwegt über meine Hand, die sie ergriffen hatte, rieb ihre Wange daran und weinte dabei.

Diese wenigen Minuten geteilter, tiefer und gegenseitiger Vertrautheit berührten mich zutiefst und ich denke noch heute oft an sie und wie es der Frau wohl gehen möge. Nach der Auflösung dieser Situation gingen wir schließlich Kora um den Jokhang, reihten uns in die Schlange der Pilger ein, um unsere Gebete und Kataks an der heiligen Statue des Buddha Shakyamuni darzubringen, die den Erleuchteten als Zwölfjährigen darstellt. Die Skulptur war von ihm zu Lebzeiten noch gesegnet worden und kam als Mitgift der chinesischen Prinzessin, die den tibetischen König Songtsen Gampo im 7. Jahrhundert heiratete, nach Tibet. Um die Statue gut unterzubringen, wurde der Jokhang-Tempel eigens dafür errichtet. Ich frönte natürlich meiner Vorliebe für Bücher und erstand einige wichtige Werke, unter anderem ein tibetisches Wörterbuch, einige Kalligraphiebücher und Biographien wichtiger Lehrer unserer Linie. Unser Aufenthalt ging langsam dem Ende zu, und so verließen wir Tibet, diesmal mit dem Flugzeug, und ich kehrte zurück nach Indien ins Kloster und berichtete von meinen Abenteuern. Der Klosteralltag hatte mich wieder.

Mein Lehrer lehrte mich auf seine Art, die zu mir passte. Er gab mir scheinbar beliebig viel Zeit und Raum, da ich selbst ganz natürlich, sehr strukturiert und organisiert bin, begann aber gleichzeitig, mich an jener Leine, die sein Herz mit meinem verband und deren Anker tief in meiner Seele ruhte, immer näher heranzuholen. Auf der einen Seite ist er dieses vollkommen erhabene Wesen, dessen reine Liebe unvoreingenommen alle gleichermaßen zu erfüllen bereit ist, andererseits ist er der hohe Meister, mit vielen Helfern verschiedener Art, ein überaus hoher Würdenträger unserer Tradition. Ich wusste anfangs nicht, wie ich damit umgehen sollte. War ich in seiner Nähe, hatte ich das Gefühl tiefer Vertrautheit, gab er Einweihungen oder andere wichtige Übertragungen vor vielen Menschen, überkam mich immer das Gefühl, in meinen persönlichen Zusammenkünften mit ihm nicht respektvoll genug gewesen zu sein. Tatsache ist aber, dass hohe »Würdenträger« bei uns nicht deshalb so hoch angesehen sind, weil sie hohe Ämter ausführen, sondern weil ihr Geist so umfassend, ihr unvoreingenommener Altruismus über die normalen menschlichen Unzulänglichkeiten störender Emotionen erhaben ist.

Ich weiß, dass viele Menschen im Westen Probleme mit dem Erscheinungsbild des Umfelds dieser lebenden Buddhas haben und glauben, dass der Respekt, den wir ihnen entgegenbringen, ein rein äußerlicher ist. Dieser Respekt allerdings ist physischer Ausdruck unserer Hingabe und kein anerzogenes Kulturgut, das wir einfach übernehmen. Oft wird Hingabe zum Lehrer vollkommen falsch verstanden. Es bedeutet nicht Loyalität, so wie wir im normalen Leben gegenüber unserem Chef, unseren Kollegen loyal sind. Loyalität begründet und erhält sich in unserem Intellekt, unserem Denken. Vertrauensvolle Hingabe entsteht im und wird vom Herzen administriert. Loyalität wird unsere Seele keine Höhenflüge lehren, Vertrauen und Hingabe vermögen dies sehr wohl. Es ist eine

Art von Vertrauen, die ihresgleichen sucht, die zunehmend umfassender wird, ein Wissen, welches durch unsere stückweise erworbene Erfahrung in unserer eigenen spirituellen Praxis entsteht, dieser verheißungsvollen Freiheit der Seele, dem Garten Eden, dem Shangrila unseres Herzens näherzukommen und es schließlich zu erreichen.

Genauso wie unser Vertrauen ein dynamischer Prozess ist, entwickelt sich unser Respekt als dessen Ausdruck, als aktive, ungekünstelte und selbstverständliche Umsetzung dieses Vertrauens. Es ist nicht die Übernahme neuer, exotischer Gebräuche. Wenn Respekt und Vertrauen authentisch sind und von Herzen kommen, sind unsere Handlungen automatisch würdevoll! Natürlich bemühen wir uns, wenn wir uns in einem Kloster aufhalten, gewisse Richtlinien zu befolgen. Für Ordinierte sind diese ziemlich eindeutig, und Laien sind dazu angehalten, weder die Ordinierten in Verlegenheit zu bringen, noch diese heiligen Orte in irgendeiner Art und Weise zu verunglimpfen. Aber letztendlich ist es eine Sache des Herzens, das zu erobern wir uns, wenn wir Buddhisten sind, einst aufmachten. Buddhist zu sein bedeutet, aktiv zu werden und an sich zu arbeiten, die Tiefe unseres Herzens tatsächlich zu erforschen.

Diese Jahre, für die ich kein durchgehendes Visum erhalten konnte, weshalb ich immer wieder zurück musste nach Österreich, prägten meine Willenskraft, meine Entschlossenheit wurde genau durch diese eigentlich minimalen äußeren Hindernisse immer stärker. Wie gesagt, ich bin ein Typ, dem Schwierigkeiten generell zum Treib-stoff werden. So durfte ich mich schlussendlich also im Jahr 2000 in ein Kloster in den USA aufmachen, um die Dreijahresklausur, Herz unserer Tradition der Praxis, zu absolvieren, während der ich das, was ich gelernt und bis-her praktiziert hatte, vertiefen und Theorie in persönliche Erfahrung umsetzen sollte.

Viele Menschen, mit denen ich bisher Kontakt hatte, ha-ben, ich möchte fast sagen, romantische Gefühle oder Bil-der, wenn man von Klausur oder Zurückziehung spricht, andere wenden sich voller Unverständnis ab. Meine El-tern haben zwei Ausdrücke für meine Zurückziehungen: Meine Mutter kontert meine Ankündigungen mit einem besorgten »Gehst du schon wieder beten?«, und mein Stiefvater wünscht mir dann »einen guten Winterschlaf«. Klausur bedeutet aber weder großes Chill-out, in dem man sich für die kommenden Wochen, Monate, Jahre gemütlich zurücklehnt, einmummt, verschanzt und all den angenehmen, oft viel zu kurz kommenden Dingen des Lebens frönt: Bücher lesen, über die Welt sinnieren, phi-losophieren, lang schlafen, Videos schauen, die Dinge ru-hig angehen etc. Genauso wenig ist es ein Abdriften in eine der äußeren Realität enthobene Scheinwelt. Es ist boden-ständige, realistische Arbeit, freudige, freiwillige Arbeit, deren Ziel kein irdischer Lohn ist, sondern das Erreichen des »Mittelpunktes unserer Seele«. Der Seelenzustand ei-nes Menschen, der aus der Klausur zurückkehrt, ist nicht distanziert, verklärt und entrückt, sondern im Gegenteil noch viel mehr im Hier und Jetzt. Wir bekommen ebenso auch keine Anerkennung, Titel, Ämter, Urkunden, Zuwendung oder Lob wie in der »normalen Welt«, wenn wir diese Aufgabe beendet haben, unser Lohn sind unsere wachsende Herzensgüte und die Fähigkeit, den Wesen in zunehmendem Altruismus tatsächlich zur Quelle unverderblichen Glücks und Zufriedenheit zu werden. Unsere persönlichen Empfindungen werden automatisch zu zweit-, dritt-, viertrangigen Nebensächlichkeiten, bis sie sich ganz auflösen, aber nicht durch Verdrängung, sondern als Resultat einer tiefgründigen Transformation unseres Egos.

Wenn wir uns in Klausur befinden, ziehen wir uns also aus dem »normalen Wahnsinn«, wie wir das Leben so gern bezeichnen, zurück und praktizieren für eine gewisse Zeit ausschließlich die heiligen, erhabenen Dinge der Welt, um diesen Dualismus zu transformieren: in der Meditation, gepaart mit Gebet und anderen Methoden, durchtränkt mit ehrlicher Motivation und Vertrauen in unser eigenes Potential, wollen wir den Weg zur Läuterung beschreiten. Für das Erreichen unseres Ziels ist unser Fokus nicht auf das Außen, sondern das Innen gerichtet.

Es gibt Menschen, die eine derart abgeschirmte Periode als extrem bezeichnen. Dem entgegne ich innerlich staunend immer, was wohl extremer sei: sich in altruistischer, uneigennütziger Liebe und Herzensgüte oder aber in Hass, Eifersucht, Gier und Stolz zu üben. Wir ziehen uns zurück, weil wir in unserer normalen Umgebung so leicht zur Zielscheibe unserer eigenen störenden Emotionen werden, weil wir anscheinend nur in Anhaftung und Ablehnung funktionieren. Um dieses Muster nicht nur theoretisch, sondern praktisch und nachhaltig zu durchbrechen, verschreibt uns unser spiritueller Lehrer das Heilmittel für unsere tiefsitzenden Neurosen. In den heiligen Texten werden spirituelle Meister deshalb oft mit Ärzten gleichgesetzt: Wir, die Patienten, suchen den spirituellen Lehrer auf, um von einer spezifischen Krankheit geheilt zu werden. Er oder sie erstellt die individuelle Diagnose, händigt uns dann ein Rezept aus, indem er uns genaue Instruktionen gibt, wie das Heilmittel anzuwenden ist, und wir werden entlassen, um das erwünschte Resultat zu erzielen. Wir vertrauen uns dem Arzt an, beschreiben unser Leiden, beantworten gegebenenfalls Fragen, werden durchleuchtet und untersucht und mit der geeigneten Rezeptur versehen.

Durch Buddha sind Zigtausende solcher »Behandlungsmethoden« bis heute erhalten und weitergegeben, die nach wie vor vollständige Ergebnisse erzielen können; vorausgesetzt, wir sind offen und ehrlich zu unserem Arzt. Enthalten wir dem Lehrer Fakten vor, beschönigen sie, berauben wir uns der möglichen Tiefe oder Vollständigkeit der gewünschten Heilung.

Bevor wir uns allerdings einem spirituellen Lehrer anvertrauen, sind wir angehalten, dessen Qualifikation zu überprüfen. Ich meine damit nicht die Zahl der Diplome (die in unserem Fall nicht vorhanden sind!) oder möglichen Titel, sondern die inneren Fähigkeiten, die ein Lehrer aufweisen sollte, um einem potentiellen Schüler wirklich nachhaltig zur Seite stehen zu können und nicht zum Verstärker seiner Schwächen zu werden. Sowohl Schüler als auch Lehrer überprüfen einander sorgfältig, bevor sie sich auf diese Art von Verbindung einlassen. In unseren heiligen Schriften wird detailliert aufgeführt, wie die Qualitäten eines angehenden Schülers, ebenso wie eines potenziellen Lehrers aussehen sollten. Diese Art des Überprüfens ist deshalb so wichtig, weil sie die Basis schaffen soll für ein Vertrauensverhältnis zwischen Arzt und Patient.

Meine Erfahrung der vergangenen Jahre ist leider anders: Viele Menschen suchten mich bisher mit den unterschiedlichsten Ansinnen und Wünschen auf, die große Mehrheit möchte dann sofort Schüler werden. Während ich ein mögliches Lehrer-Schüler-Vertrauensverhältnis sorgfältig und umfassend überprüfe, sah und sehe ich mich immer wieder einem Gegenüber, ich möchte fast sagen »ausgeliefert«, das ganz spezifische Vorstellungen von meiner Art der Zuwendung und Involviertheit hat und auch gar keinen Hehl daraus macht. Ich bin mir nicht ganz sicher, woran das liegt. Immer wieder frage ich mich, ob die Menschen nur zu mir kommen, weil sie mich im Fernsehen in Reportagen oder Talkshows gesehen haben. Doch ich bin alles andere als eine Selfmade-New-Age-Zauberin, sondern stehe in einer jahrtausendealten Tradition, die den Suchenden in die Mitte des eigenen Herzens und damit in eine neue, unbekannte, paradiesische Welt in der Welt führen möchte – wenn der Aspirant sich tatsächlich auf den Weg macht, diesen Pfad selbst zu beschreiten, und nicht auf Erlösung von außen wartet.

Daher erzähle ich immer und immer wieder, dass so ein beidseitiger Start sich entwickeln muss und die Eingangsmotivation selten rein ist, also immer wieder umgeworfen, verfeinert, vertieft werden muss. Der Lehrer bricht durch die unterschiedlichen Mauern der Ichzentriertheit des Schülers durch und führt ihn Stück für Stück zu dieser Verfeinerung, die das Resultat ehrlicher, aufrichtiger spiritueller Praxis ist. Vertrauen ist also demgemäß ein bis zum vollständigen Erreichen des Ziels dynamischer Prozess. Durch unsere gesamte spirituelle Praxis hindurch verändert sich unser Vertrauen ständig, wird umfassender, vollständiger, tiefer, eröffnet uns und damit allen anderen die Reinheit unseres Herzens.

Also bat ich in Indien um ein persönliches Gespräch mit meinem Lehrer und offenbarte ihm meinen Wunsch, mich in Klausur begeben zu wollen. Spontan erwiderte er, ich könne jederzeit in Klausur gehen. Ich war wieder einmal völlig aus dem Konzept gebracht. So begann ich nochmals und erklärte, dass ich von einer langen Klausur sprach. »Oh, die Dreijahresklausur«, erwiderte er und ließ mich zappeln. Ich hatte die Vorstellung, mich in die Berge des Himalaya zurückzuziehen, um in einer Einsiedelei, einer Höhle meinem Herzen auf den Grund zu kommen. Doch damit war ich weit von der Realität, die mich tatsächlich erwarten würde, entfernt. Wieder war ich auf Glatteis, aber dennoch zu allem bereit. Ich würde also nicht in einer Höhle sitzen, sondern das klassische Gruppenklausur-Curriculum durchlaufen. Wir besprachen Details, Eintrittszeitpunkt etc. Geistig bereitete ich mich also, entgegen meinem eigentlichen Wunsch nach einer Eremitage, auf eine Gruppenklausur im Kloster vor und versuchte, diesem Plan gegenüber denselben Enthusiasmus wie einer völlig abgeschnittenen Einsiedelei abzugewinnen. In einem weiteren persönlichen Gespräch, das einige Zeit später stattfand, ließ mich mein Lehrer beiläufig wissen, dass er wolle, dass ich die Klausur nicht in seinem, also einem indischen Kloster, sondern im Westen beginge. Nun war ich innerlich vollkommen verstört, zugleich aber auch erfreut, sowohl über die Erlaubnis als auch den Segen meines Lehrers. Eine eigenartige Mischung von Gefühlen erfüllte mich: einerseits im freien Fall, andererseits bis zum Rand voll mit Freude und Liebe. Also begann ich, Vorkehrungen für meine Rückkehr in den Westen zu treffen, versuchte, mögliche Stätten einer solchen Zurückziehung, die geeignet wären, auszumachen.

Es gehört zur Verantwortung unserer Lehrer, unsere fixen Vorstellungen immer wieder ad absurdum zu führen, um die spontane strahlende Kraft unseres Herzens durch unsere Konfusion durchscheinen zu lassen. Sie führen uns immer und immer wieder vor einen Spiegel und zeigen uns, wer wir wirklich sind. Einem meiner Schüler beschrieb ich diesen Prozess kürzlich so: Unser Ego schläft in der Tiefe unseres Bewusstseins den Schlaf der Gerechten und Selbstgefälligen und dirigiert von dieser Ruhestatt aus all die Marionetten unserer Neurosen und störenden Emotionen, die uns so vertraut sind. Des Lehrers einziger Job ist, dem Schützling diese Neurosen zuerst offensichtlich zu machen, um ihn weiterzuführen. Der Schüler hat dann zwei Optionen: sich führen zu lassen und einen Schritt in die Tiefe zu machen oder einen Betondeckel auf diese Verwirrung zu stülpen und das Ego in einem Verlies einzuschließen, zu schmollen, auf Egoismus zu beharren und weiter zu rotieren und zu leiden. Unsere Neurosen sind, bildlich gesprochen, wie die Gischt und die Wellen an der Meeresoberfläche, während am Meeresgrund alles weit, klar, unendlich und friedvoll ist.

Lehrer rekrutieren keine Schüler, um einen »Fanclub« hinter sich zu wissen, es ist keine Abhängigkeit, wie wir sie aus dem »normalen« Leben so gut kennen. Sie führen uns in unserem *eigenen* Auftrag – denn *wir* suchen sie auf und fragen sie, ob wir ihre Schüler sein *dürfen* – also nicht aus Eigeninteresse, sondern tiefstem Mitgefühl, zu unserem wahren Ich. Dzongsar Khyentse Rinpoche räumte in seinem Interview für den Film »Words of my perfect teacher« unmissverständlich mit allen nostalgischen Gefühlen auf, die wir unserem Lehrer entgegenbringen, und sagt schlicht, wir suchen einen Lehrer auf, damit dieser unser Ego komplett vernichtet. Das bedeutet nicht, unser Selbstbewusstsein zu zerstören, sondern im Gegenteil, unsere wahre Essenz durch die Transformation all unserer Schwächen – unserer Eifersucht, unserer Gier etc. –, unser wahres Ich tatsächlich in voller Pracht bar jeglicher egoistischer Einfärbung zum Vorschein zu bringen.

So war ich also spontan und unverhofft wieder nach Österreich zurückgekehrt, hatte inzwischen zwei Klausurzentren aufgetan, die mir bekannt waren und zwischen denen ich mich jetzt entscheiden musste. Aber anders als im Kloster in Indien fielen in den westlichen Zentren hohe Kosten an, und ich hatte keine Ahnung, wie ich den Betrag zusammenbekommen sollte. Dennoch war ich voller Vertrauen, dass sich alles mit dem Segen meines Lehrers ergeben würde. Da ich so schnell wie möglich mit der Klausur beginnen wollte, blieb also nur ein Kloster übrig, genau jenes, in dem ich meine erste Ordination erhalten hatte. Dorthin hatte ich gute Kontakte, auch einige Bekannte, und hatte mich immer heimisch gefühlt. Also nahm ich Kontakt mit dem Sekretariat auf und erhielt die Antwort, ich müsse dem Klausurmeister im Detail offenlegen, warum ich eine solche Klausur absolvieren wolle, machte aber zugleich auch deutlich, dass ich über keinerlei Mittel verfügte. So verfasste ich einen Brief, um nach einiger Zeit einen positiven Bescheid zu erhalten. Der Klausurmeister ließ mich wissen, ich solle alles daransetzen, die finanziellen Mittel zusammenzubekommen, aber egal, wie viel ich zusammentragen könne, auf jeden Fall kommen. Über den Restbetrag würden wir dann vor Ort sprechen.

So hatte ich den Segen meines Lehrers, die Erlaubnis des Retreatmeisters und sah einer der größten Herausforderungen meines Lebens entgegen. Vom ursprünglichen Wunsch nach der Einsiedelei in Asien war nicht allzu viel übriggeblieben: Ich würde in den USA die nächsten dreieinhalb Jahre mit einer Gruppe Westler verbringen. Mein Lehrer hatte all meine romantischen Vorstellungen zerstört und gab mir das, was ich anscheinend wirklich brauchte. Nicht, weil er mir das Leben in einer Höhle nicht zutraute, ganz und gar nicht, im Gegenteil, er gab mir genau das Kontrastprogramm von dem, was *ich* wollte, was mein verwirrtes Herz erhoffte. Jetzt, nach vielen Jahren, ist mir nicht nur theoretisch, sondern aus persönlicher Erfahrung klar, warum eine derartige Gruppensituation weit mehr Potential zur persönlichen Entwicklung in sich birgt. Man ist für circa dreieinhalb Jahre mit einer Gruppe von Menschen auf engstem Raum, und damit nicht nur den eigenen, sondern den störenden Emotionen *aller* Teilnehmer erbarmungslos und direkt ausgesetzt. Ganz im Gegensatz zu einer Einsiedelei, in der man sich in Eintracht mit sich selbst wiegen kann und kein Gegenüber hat, das einem zeigen könnte, ob man sich wirklich entwickelt oder die Stille zur nächsten Falle wird. Deshalb, sagt man, ist eine Klausur in der Gruppe siebenmal stärker und segensreicher.

Im Sommer 2000 machte ich mich auf den Weg in die USA zum Vortraining, um all die Rituale, die wir noch nicht kannten, zu erlernen. Ich reiste nach Woodstock in Upper New York State und von da aus weiter in das Klausurzentrum, das ein wenig abseits des Klosters liegt. Khenpo Karthar Rinpoche, der Klausurmeister und Abt, befragte mich zu meinen Finanzen, und ich musste ihm gestehen, dass ich nur wenige hundert Dollar hatte zusammenkratzen können. Er wiederholte, ich solle mir keine Sorgen machen, er werde sich auch darum bemühen, einen Sponsor für mich zu finden. Ich war erleichtert. Die Zimmerlotterie fand statt, in der die Räume, in denen wir uns aufhalten würden, gezogen wurden. Ich bekam die

Klause, die auf der Westseite des Gebäudes ganz außen lag und damit auch, was ich damals natürlich nicht wusste, die kälteste war.

Wir übten die verschiedenen sakralen Instrumente, lernten Rituale, die wir noch nicht kannten, der Tag begann früh und endete spät. Diese Phase galt nicht nur dem Erlernen noch unbekannter Disziplinen, sondern auch dem gegenseitigen Kennenlernen und dem Eingewöhnen in die Situation, den Tagesablauf, wenn auch noch in sehr abgeschwächter Form. Wir lernten, nicht in Betten, sondern in Meditationsboxen aufrecht sitzend zu schlafen, zweimal täglich zum Gemeinschaftsgebet im Schreinraum des jeweiligen Hauses zum Morgen- und Abendritual zusammenzutreffen, und stimmten uns geistig auf spirituelle Praxis während des Rests der Tageszeit in unseren Klausen ein.

Ich kann mich noch gut daran erinnern, wie ich das erste Mal in mein Zimmer und das Haus eintrat: Die Köchin führte mich durchs Gebäude, das wie eine Insel der Seligkeit inmitten des Wahnsinns der Welt draußen intakt und autark zu funktionieren schien, mich vereinnahmte und erfüllte. Als ich mein Zimmer zum ersten Mal sah, war ich ob der Größe wirklich überrascht. Ich hab es nie ausgemessen, aber ich schätze, es war zwei mal zweieinhalb Meter. Naturgemäß reagierten nicht alle unter uns so. Unsere Zimmer waren nur mit dem allernötigsten ausgestattet: Ein Altar, eine Meditationsbox und ein kleines tischähnliches Pult vor der Box für die Texte, die wir praktizieren würden, sind die Grundausstattung, in manchen Räumen befanden sich noch vereinzelte Gegenstände vorheriger Praktizierender. So fand ich ein halbhohes kleines Regal an der Wand. Mein Zimmer hatte alles, was wichtig war, und nichts, das nicht wirklich gebraucht wurde.

Inmitten dieser Vorbereitungsphase, in der sich die Teilnehmer langsam in den Alltag, der uns erwartete, einzuleben begannen, musste ich noch einmal zurück nach Indien ins Kloster: Genau zu meinem Geburtstag, am 5. November 2000, wurde der dreihundertste Jahrestag des großen Gelehrten und Heiligen Tai Situ Chokyi Jungne, der achten vorherigen Inkarnation meines Lehrers und Gründers der Palpung-Kongregation, in einer großen Zeremonie gefeiert. Ich hatte dazu die Erlaubnis meines Klausurmeisters einzuholen, der mich nochmals meinen Guru anrufen ließ, um dessen ausdrücklichen Wunsch dazu zu hören. Schließlich gab er sein Einverständnis, mich für einige Tage aus der Vorklausur zu entlassen.

So flog ich nochmals nach Indien. Es waren Tausende Menschen aus aller Welt anwesend, Sherab Ling barst beinahe, die Feierlichkeiten stimmten alle glücklich, ich sah meine Freunde nochmals, konnte mich von ihnen wirklich verabschieden, und nach Ablauf der Tage voller ausgiebiger Feiern, Mahlzeiten und Zusammenkünfte erhielt ich schlussendlich die letzten persönlichen Instruktionen und Übertragungen von meinem Guru. Ich war voller Liebe und Hingabe und wusste, dass ich die nächsten drei Jahre auf mich gestellt sein würde, um die Entwicklung meines Herzens voranzubringen. Einige Male hatte ich meinen Lehrer zu meiner Klausur befragt, ob ich mit

Hindernissen zu rechnen hätte, und jedes Mal ließ er mich wissen, dass ich mich sicher fühlen könne und keinerlei Schwierigkeiten befürchten müsse. Ich war startklar, hatte den Schlüssel überreicht bekommen und war dabei, das Shangrila meiner Seele zu erforschen, drei Jahre, drei Monate und drei Tage lang zu praktizieren, um Einsicht in mein wahres Ich zu entwickeln.

So machte ich mich auf den Weg zurück nach Amerika. Die Autofahrt nach Delhi war katastrophal wie immer: Ein längst schrottreifes Vehikel polterte die ganze Nacht lang über die schlechten Gebirgs- und Dorfstraßen sowie die noch im Bau befindliche Autobahn, eine Geröllpiste, die sich Lkw- sowie Traktorfahrer, Autolenker, Radfahrer und Fußgänger teilten. Ich saß mit einer anderen Frau, die ebenfalls in das Kloster in den USA wollte, auf der Rückbank, und wir wurden ständig herumgeschüttelt, stießen mit unseren Köpfen an die Decke des Gefährts; ich schlief, sie durchlitt eine wahre Höllenfahrt. Wir hatten verschiedene Flüge und wollten einander wieder in New York treffen. Doch einer meiner Verbindungsflüge wurde storniert, ich saß stundenlang in Wien am Flughafen, und schließlich ging mein Gepäck auf dieser mehrtägigen Reise verloren. Als wir endlich am späten Abend im Klausurzentrum eintrafen, kauerten wir vollkommen erschöpft und müde vor meinem Retreatmeister. Er ließ mich hocherfreut wissen, dass er einen Sponsor für mich gefunden habe. Nun stand den nächsten Jahren wirklich nichts mehr im Wege. Ich hatte es gerade noch geschafft, am Vorabend des Klausurbeginns einzutrudeln. Ohne Gepäck allerdings, ich hatte nur die Kleidung, die ich schon seit Tagen am Körper trug, schmutzig von der langen Autofahrt in Indien, und dunkle Ränder unter den Fingernägeln. Meine Reisetasche erreichte mich erst nach einem Monat, so lange musste ich mir von meinen »Zellengenossen« das wichtigste ausborgen. Wieder einmal war ich aller Vorstellungen, Konzepte und Sicherheiten enthoben, zu müde, um den freien Fall, in dem ich mich zweifelsohne befand, zu realisieren.

Am nächsten Tag um drei Uhr morgens ging es schließlich los. Ich befand mich nun also tatsächlich in der lang ersehnten Klausur und würde die nächsten drei Jahre, drei Monate und drei Tage in diesem Haus mit mir so gut wie unbekannten Frauen, drei davon waren Nonnen, der Rest Laien, die für die Dauer der Klausur eine geringe Anzahl von Gelübden hielten und auch Roben trugen, verbringen, mit ihnen gemeinsam praktizieren und leben. Mein Herz war voller Freude, doch mein Verstand wusste, dass mir harte Arbeit bevorstand.

Klausuren, im Speziellen Gruppenklausuren, sind dazu da, unser neurotisches, egoistisches Herz von seinen Verfärbungen und Verformungen zu befreien und die wahre Natur unserer Seele kennen- und in ihr verweilen zu lernen, um sie vollständig zur Blüte zu bringen. Wir können uns entgegen einer Einzelklausur in der Gruppe nicht in eine neue Projektion hineinretten, die uns vorgaukelt, tatsächlich den Frieden des Herzens schon fest etabliert zu haben. Denn in der Einzelklausur fehlt das Gegenüber, das uns durch seine Art, oft nur durch seine Anwesenheit herausfordert und auf die Probe stellt. In Gruppenklausur müssen wir in jedem Moment unsere Motivation und unsere Hingabe überprüfen. Das Klausurprogramm ist vollgepackt mit Praxis, es bleibt durch das dichte Curriculum keinerlei Zeit für die sogenannten normalen Aktivitäten des Lebens in der Welt draußen. Jede Minute wird sinnvoll genutzt, wir sind vierundzwanzig Stunden am Tag involviert, praktizieren, beten, meditieren, visualisieren und rezitieren.

Ich wusste, dass ich mich auf eine Reise zu mir selbst begeben würde, eine Reise, die mein Innerstes auf den Kopf stellen würde und müsste, um die Herzensverbindung zwischen mir und meinem Lehrer wachsen zu lassen, die Leine, die unsere Herzen verband, Stück für Stück nicht mehr wie zuvor einholen, sondern auflösen. In der intensiven Phase der Klausur nähert man sich sich selbst auf geradezu erbarmungslose Weise an. Die Praxis löst unsere pervertierte Sicht auf uns selbst. Der Spiegel, den wir bis dato immer nach der Schönsten im Lande befragt hatten und der uns die Antwort, die wir hören wollten, auch wirklich präsentierte, beginnt plötzlich, ein ganz anderes Antlitz zu enthüllen, das, wie könnte es anders sein, schockierend ist. Als Schüler sind wir dann dazu aufgerufen, nicht wegzuschauen, wenn uns etwas nicht gefällt oder uns überfordert, so wie wir die schlechten Nachrichten im Fernsehen gern ausblenden, um die Gräuel der Welt nicht sehen zu müssen. Wir müssen richtig und umfassend hinschauen, um endlich zu realisieren, wie es in unserem Herzen tatsächlich aussieht, um dann aktiv zu werden, den verdorrten Garten unserer Seele zu reinem, anmutigem Leben zu erwecken. Natürlich gibt es Rückschläge, Entmutigung. Aber wie gesagt, ich bin der »Doch jetzt erst recht«-Typ, und Herausforderungen geben mir jenen besagten Treibstoff, der ein Fortbewegen erst möglich macht. Mit einer Gruppe von Menschen auf engstem Raum zu leben, die in der Klausur exakt die gleichen Erfahrungen machen, ist eine extreme Herausforderung.

In der Klausur ist Zeit eine Komponente, die ganz anders funktioniert als im Leben draußen. Viele von uns haben die romantische Vorstellung, in der Klausur alle Zeit der Welt zu haben, um uns in innerer Langsamkeit zu üben, tatsächlich in eine Art Winterschlaf zu verfallen, wie mein Stiefvater das so gern nennt. In Wahrheit aber werden wir zwar langsamer, aber nur auf der äußeren Ebene. Wir sind nicht mehr so hektisch, fahrig, werden ruhiger und gelassener, strahlen eine zunehmende Gelassenheit aus, während zur selben Zeit unser Geist heller, schneller und klarer wird. Das scheint widersprüchlich, ist es aber nicht! Je klarer und strahlender unser Herz wird, umso weniger Störungen kennen unser Geist und unser Intellekt. Es ist wie eine mehrspurige Autobahn, die anfangs voller Absperrungen, großer Löcher im Asphalt und sonstiger Hindernisse ist. Mit und durch unsere Praxis lassen wir diese Hindernisse Stück für Stück verschwinden und gelangen dadurch zu freier Bahn, auf der wir dann Vollgas geben können, ohne uns dabei anstrengen zu müssen. Das passiert spontan und automatisch. Ich erlebe das oft bei Menschen, die mich aufsuchen, als jenen Irrtum, der annimmt, dass Spiritualität mit Langsamkeit, einer Art indifferenten Geisteszustandes frei jeglicher gedanklicher Aktivität gleichzusetzen ist.

Wir meditieren anfangs tatsächlich, um unsere Gedanken zu reduzieren, eine gewisse Geistesruhe und Frieden zu erzeugen, aber das ist nicht unser endgültiges Ziel! Unser Frieden soll nicht passiv sein, sondern vollständig aktiv!

Immer wieder werde ich von Schülern, Interessierten, Journalisten gefragt, wie jeder Einzelne von uns dieses teure Gut nun tatsächlich erlangen könne. Meine Antwort ist dabei jedes Mal dieselbe: »*Frieden ist aktiv. Er kann generiert werden. Die Verantwortung für Frieden liegt bei der einzelnen Person, nicht bei jemandem außerhalb von uns. Frieden kann gelernt werden von jedem Einzelnen, egal, welcher Religion, Konfession oder welchem Glauben wir uns zugehörig fühlen.*« Dann ernte ich manchmal staunende Ahas, die eine komplizierte Ausformulierung und weise philosophische Ansätze und Formulierungen erwartet hatten. Rein objektiv und sachlich betrachtet, ist es tatsächlich so einfach. Machen wir die Probe: Sind wir friedvoll und freudig, dann können wir unsere Umwelt mit genau dieser fröhlichen Friedfertigkeit anstecken, durch so einfache Handlungen wie ein ehrliches Lächeln. Wir müssen keine komplizierten Theorien austauschen, sondern uns einfach in der Mitte unserer Herzen treffen. Es bräuchte keine Friedenskongresse, auf denen komplizierte Strategien ersonnen werden, es braucht den Einsatz jedes Einzelnen von uns, mit Achtsamkeit und Aufmerksamkeit uns selbst der negativen Konditionierung in tatsächlich jeder Alltagssituation zu entziehen. Neulich sagte einer meiner Schüler zu mir, dass es »ganz schön anstrengend sei, immer gut zu sein«. Es ist zwar bedauerlich, dass uns Positives mehr Energie und Einsatz abverlangt als Negatives und Nutzloses, aber es erschüttert mich nicht, denn es ist einfach eine schlichte Tatsache, die wir anerkennen müssen, um tatsächlich an uns arbeiten zu können. Die Einsicht in dieses Phänomen ist bereits der erste Schritt, von der »dunklen zur hellen Seite« zu wechseln. Allerdings braucht man eine geeignete Methode, diese theoretische Einsicht zur persönlichen Erfahrung werden zu lassen. Eine der grundlegenden Methoden des Buddhismus ist eine Art von Meditation, die mit dem arbeitet, was uns inhärent ist, unserem Atem. Es gibt niemanden, der zu dieser zutiefst grundlegenden Methode nicht in der Lage ist. Ich habe sie bisher überall, in den unterschiedlichsten Situationen, gelehrt und geübt – mit katholischen Nonnen, Kindergartenkindern, Schulkindern jeglichen Alters, während interreligiöser Veranstaltungen mit Teilnehmern vieler verschiedener Konfessionen, und alle ließen mich wissen, dass sie von dieser einfachen Übung profitieren konnten, sie ihnen im Alltag sowie in ihrer eigenen spirituellen Praxis zu neuen Erfahrungen verhalf. Natürlich gibt es unzählige weitere Meditationstechniken, Gebete, Rituale, Liturgien, aber all das baut auf dieser zutiefst einfachen Methode auf, die uns Achtsamkeit und Aufmerksamkeit nicht nur in der Theorie einbläut, sondern in der persönlichen Erfahrung vergegenwärtigt und in unserem

Herzen entstehen lässt. Aus buddhistischer Sicht beginnt also Frieden aktiv beim Einzelnen, der dann diese Geistesruhe nach außen zu tragen und damit ein friedliches Umfeld zu erzeugen imstande ist.

Ein Tag in der Klausur ist strikt in vier Meditationssitzungen eingeteilt, die teilweise nur durch wenige Minuten Pause voneinander getrennt sind. Es gibt eine große Mittagspause, die nicht dem Ausspannen dient, sondern dem Ausführen diverser Aufgaben und Arbeiten, die sowohl für den spirituellen Ablauf als auch für den Alltag wichtig sind. Am Anfang bedeutet es ziemlich viel Stress, zu wissen, dass zwei »Schichten« nur durch eine fünfminütige Pause voneinander getrennt sind, in der natürlich partout alle, wir waren anfangs dreizehn Frauen, elf waren am Ende noch übrig, die drei vorhandenen Toiletten im Stockwerk darunter aufsuchen mussten.

Während wir anfänglich noch Einfindungsschwierigkeiten, hauptsächlich in unserer Vorstellung, hatten, die wenigen Minuten zu nutzen, entwickelten wir schnell jene Art der Gelassenheit, die aus einer Minute eine Ewigkeit machen kann. Während wir im Leben draußen das Gefühl haben, in fünf Minuten gar nichts zustande bringen zu können, sind fünf Minuten in Klausur, natürlich nach der Eingewöhnungsphase, plötzlich viel Zeit. Dass Zeit subjektiv und relativ ist, wissen wir spätestens seit Einstein, aber die ganz praktische Erfahrung dessen zu machen eröffnet völlig andere Dimensionen. War mein früheres Leben, mein Berufsleben und Studentenleben, hektisch, planlos und in gewisser Weise dem Zufall überlassen, stand ich irgendwie immer unter konstantem Stress, so lernte ich jetzt, mit Hilfe eines Minimums von Zeit das Maximum an Möglichkeiten zu generieren. Das geht aber nur, wenn wir uns darauf einlassen und das, was wir tun, mit Freude und Vertrauen angehen. In anderen Worten, weniger poetisch ausgedrückt: »Unsere Zeit ist beschränkt, also sollten wir sie nicht verschwenden, indem wir das Leben von jemand anderem führen« (Steve Jobs, Gründer von Apple Computers).

Durch unsere spirituelle Praxis, speziell in der Klausur, beginnen wir, unsere fixen Vorstellungen und Konzepte aufzulösen und somit mehr Freiheit der Seele zu erlangen. Damit wir dann aber in diesem Freiraum, der entsteht, nicht unter- und verlorengehen, ist jemand an unserer Seite, der uns wie ein Lotse den richtigen Weg weist. Dieser Lotse ist unser Lehrer. Mein Lehrer hatte mich meinem Klausurmeister für die Dauer der Zurückziehung anvertraut, und so war für die nächsten drei Jahre nun dieser mein temporärer Lotse durch den Dschungel der Beschränkungen meines Herzens. Er war immer für uns da, für alle unsere ernsthaften, aufrichtigen Anliegen und Fragen, sowohl die persönlichen als auch jene, die sich bezüglich der Rituale ergeben konnten, wenn wir nicht sicher waren, ob wir ihn richtig verstanden hatten. Ich kann mir keinen besseren Führenden als Khenpo Karthar Rinpoche vorstellen und jemals gewünscht haben, er ist das Beispiel gelebter, aufrichtiger und tiefer, bedingungsloser und vollständiger Liebe.

Für die gesamten drei Jahre waren wir von jedem Kontakt nach außen abgeschnitten. Wenn es auch anfangs eine ungewohnte Situation war, keine Zeitungen, Internet oder Telefon zu haben, entdeckten wir bald den gewaltigen Freiraum, den uns dies bescherte. Wir waren auch dazu angehalten, so selten wie möglich Briefkontakt mit unseren Familien zu haben, um die drei Jahre in Klausur so sinnvoll und tief wie möglich zu nutzen.

So wussten wir tatsächlich nicht, was sich in der Welt, die nur so wenige Meter vor unserer Nase ihren schnelllebigen Lauf nahm, abspielte. Mitunter aber gelangte die Außenwelt doch zu uns, etwa wenn man uns um spezielle Gebete bat. Diese Bitten wurden vom Manager des Retreats, der zwar auf dem Klausurareal lebte, aber nicht in einem der beiden Häuser, während wir in einer unserer vier »Schichten« beschäftigt waren, gebracht. Das Areal besteht aus einem großen Stück Land, das damals größtenteils von Wildnis und Wald umringt war. Es war durch einen schmalen Pfad, der von einer Nebenstraße abging, erreichbar und lag wie ein Teil einer anderen Welt und doch inmitten derselben. Folgte man diesem Weg, gelangte man an ein Haus, in dem eine kleine Gemeinschaft von Menschen wohnte, die bereits die traditionelle Dreijahresklausur beendet hatten und in einer kleinen Praxisgemeinschaft, ähnlich der Klausur, weiterhin leben wollten, um zu praktizieren. Noch ein Stück weiter weg kam man dann zu einem Platz, von dem drei weitere kleine Pfade abgingen: Einer führte zum Administrationsgebäude, das gleichzeitig besuchende Lamas beherbergte und einen eigenen Schreinraum besaß. Die beiden anderen, die sich wie ein Y öffneten, führten zu den beiden Gebäuden, die der Dreijahresklausur vorbehalten waren. Jedes davon war eingezäunt mit mannshohen Latten und mit Gebetsfahnen umspannt, die Tür zum Anwesen war versperrt, und zwischen ihnen lag ein gutes Stück Waldes, der uns auch rundherum umgab. Niemand, der nicht an der Klausur teilnahm, durfte es betreten. Ich mochte den Ruf der verschiedenen wilden Tiere des Waldes besonders gerne, die vollkommen furchtlos mit der Natur und uns in Einklang lebten. Einmal hatte sich sogar ein junger Bär, der offensichtlich hungrig war, unter den Latten durchgequetscht und baute sich vor unseren Fenstern auf in der Hoffnung, Nahrung zu finden. Besonders gern aber mochte ich die Eichhörnchen. Sie tanzten lautstark auf den Spitzen der Latten auf und ab, kämpften dort auch miteinander um Futter und kreischten in ihrer hektischen Art ganz wunderbar. Amerikanische, silberfarbige Eichhörnchen sind um ein Vielfaches größer als jene, die ich aus Österreich kenne, wo sie viel kleiner, aber auch farbenfroher, in allen Braunvariationen durchs Geäst springen. Wir fütterten die Tiere hier ziemlich regelmäßig, besonders, wenn ein strenger Winter herrschte, denn das Klima war extrem. Der Winter begann im Oktober und dauerte oft bis in den Mai hinein mit Spitzen bis zu minus fünfunddreißig Grad, wohingegen das Thermometer im Sommer auf jenseits der vierzig Grad klettern konnte.

Der Wald der Umgebung ist bekannt für seine wunderbare Farbenpracht im Herbst, und die Catskill Mountains sind eines der beliebtesten Ausflugsziele der New Yorker. Feuerrot beglückte er uns jedes Jahr, und die verschiedenen Variationen von Gelb und Rot brachten sowohl die untrügliche Gewissheit, dass der Winter unmittelbar vor der Tür stand, als auch das kurzweilige Eintauchen in eine märchenhafte, wie von Feen beseelte Welt der Stille.

Mitten in diese Idylle krachte im September 2001 die furchtbare Nachricht des Attentats auf die Twin Towers in New York City. Wir waren schockiert über den Anschlag und den Tod so vieler Menschen und begannen sofort, Gebete für die ums Leben Gekommenen zu verrichten. Es ist schwer zu verstehen, wie Menschen anderen so entsetzliches Leid antun können, aber noch entsetzlicher ist es, wenn Religion vorgeschoben wird und damit der weltweiten Anti-Religions-, im Speziellen der Anti-Islam-Welle weiterer Vorschub geboten wird. Ich selbst habe einige Muslime kennengelernt – einfache Gläubige, aber auch Theologen, Imame und Hodschas. Ich traf schlecht informierte, fanatische Muslime, aber auch aufrichtig Praktizierende, deren Herz genauso offen ist, wie es der Weg, den sie beschreiten, sie lehrt. Der Islam ist der Weg zum Frieden, klärte mich ein muslimischer Priester auf. Man möge mir den Ausdruck »Priester« in diesem Zusammenhang verzeihen, der eigentlich den katholischen »Kollegen« vorbehalten ist, aber ich selbst als Lama werde immer wieder als buddhistische Priesterin bezeichnet, und irgendwie finde ich die Grundidee dahinter gar nicht so schlecht, einen Metabegriff einzuführen, um eine gewisse Verbundenheit im Geiste herzustellen.

So ging die Zeit vorüber, wir fügten uns wie alle vor uns wie von selbst in den Tagesablauf der vier Meditationsschichten in unseren individuellen Klausen und den zweimal täglichen Gruppenzusammenkünften im Schreinraum ein, wurden ständig durch das Gegenüber der anderen Teilnehmer auf Herz und Nieren auf unser Mitgefühl und unsere Hingabe überprüft und fühlten uns »zu Hause«. Während wir im ersten Jahr immer wieder noch ein wenig unsicher waren ob des Ablaufes oder dessen, was er unserem Innersten abverlangte, lief im zweiten Jahr alles wie geschmiert für mich, und im Laufe des dritten Jahres entwickelte ich einerseits den tiefen Wunsch, die Klausur niemals mehr verlassen zu müssen, während ich mir gleichzeitig und andererseits der Tatsache von Anfang an bewusst gewesen war, dass ich in diesem Leben nur einmal die außergewöhnliche Gelegenheit bekommen würde, so eine Zurückziehung absolvieren zu dürfen. Jede von uns machte ihre individuelle Veränderung durch, jede von uns begegnete ihren Blockierungen auf ihre eigene Art, obwohl wir alle exakt genau dasselbe Curriculum durchliefen. Wir alle arbeiteten an uns, manche hart, manche weniger hart, um uns unser Herz mittels der vielen Meditationen und Rituale zu eröffnen. Es ist eine intensive Zeit und hat tatsächlich nichts Romantisches an sich, mehr lässt sie sich, wenn man ein Pendant in äußeren Aktivitäten heranziehen möchte, mit der Arbeit in der Straßenmeisterei, also wirklich körperlich anstrengender Betätigung, vergleichen.

Alles, was in der Klausur passiert, bleibt in den vier Wänden der Klausur und wird nicht hinausgetragen. All die Stufen, die wir durchlaufen, all die Erfahrungen, die wir machen, sind Schritte unserer *persönlichen, inneren* spirituellen Entwicklung, die individuell verschieden ist. Deshalb sprechen wir nicht darüber. Jeder hat das Recht, seine eigenen Erfahrungen zu machen. Gruppenklausuren sind keine Superbootcamps, in denen die Teilnehmer gegeneinander antreten und ein Moderator darüber entscheidet, wer in die nächste Runde aufsteigt. Jeder Einzelne hat das An- und Vorrecht darauf, die Reise in die Mitte des eigenen Herzens mit seinem Herzen allein auszumachen. Genauso verhält es sich mit dem gesamten äußeren Ablauf, der nur denen bekannt ist, die sich dazu aus voller Seele entscheiden, diese spezielle Art der Zurückziehung zu begehen. Ebenso, wie wir in die Gelübde, die wir während unserer Ordination nehmen, erst dann eingeführt werden, wenn wir uns tatsächlich mit aufrichtiger Motivation dazu entschließen, dem weltlichen Leben zu entsagen, werden wir mit dem Inneren der Klausur erst dann vertraut gemacht, wenn unser Klausurmeister die Zeit für gekommen hält.

Wenn wir uns in eine solche Klausur begeben, tun wir das nicht, um Lamas zu werden. Es ist also nicht etwa eine Art Priesterseminar, das man durchlaufen muss, um dann einen klerikalen Job zu ergattern. Dazu muss man außerdem klarstellen, dass im Buddhismus niemand, der lehrt, irgendeine Art von »Gehalt« bezieht, egal ob Lama, Laie oder Ordinierter. Unterstützung erhalten wir durch freiwillige Spenden von jenen, die von unseren Instruktionen profitieren möchten. Damit bleibt alles im Fluss. Im Osten ist das ganz natürlich, im Westen ist das ein unübliches Konzept. Immer wieder stößt dies auf Verwunderung. Es ist tatsächlich eine Art gegenseitiger Verantwortung, gepaart mit geringem Eigenbedarf: Nahrung, Kleidung, ein Bett zum Schlafen, eine Sozialversicherung, die in den meisten westlichen Ländern nötig ist, um zum Arzt gehen zu können, und ab und zu die Erneuerung mancher Kleidungsstücke, wenn einmal etwas kaputtgeht. Eine Journalistin fragte mich vor kurzem, ob ich meinen Job weiterempfehlen könne. Darauf antwortete ich: »Empfände ich mein Tun als Job, müsste ich sofort abdanken.«

Im Jahr 2004 beendeten wir unsere Zurückziehung und nahmen zum ersten Mal wieder mit der Außenwelt Kontakt auf. Es war wie ein Traum, alles draußen war so schnell, so hektisch, die Menschen schienen wie Ameisen immer geschäftig fast wie im Kreis zu laufen. Ich fühlte mich wie ein stiller Beobachter des eigenartigen und zugleich vertrauten Szenarios. Am Tag, an dem das Tor der Klausur geöffnet wurde und wir uns auf dem Areal bewegen sollten, um uns langsam wieder an das Draußen zu gewöhnen, war ich einfach nur gefangen von der Schönheit der wilden Natur vor unserer Tür. Es war März, und in den Catskill Mountains herrscht dann noch tiefster Winter. Alles Leben war tief unter gewaltigem Weiß begraben, manche wilde Tiere, die wir bisher immer nur hören konnten, wurden nun, wenn man den Lauten folgte, für uns sogar sichtbar. Es war ein echtes Winterwunderland,

das ich durchstapfte. Wir sollten einige Tage damit verbringen, uns tagsüber auf dem Klausurland aufzuhalten,
die wenigen Menschen, die dort lebten und praktizierten,
treffen und uns so langsam dem Leben jenseits der Abgeschiedenheit annähern. Dann würden wir zum Kloster
fahren, wo uns viele Gläubige schon freudig erregt erwarteten, um einen ganzen Tag lang in der Gruppe im
Schreinraum zu praktizieren und einige Rituale zu vollführen, die in einer Einweihung gipfelten, an der die Öffentlichkeit teilnehmen durfte. Uns wurde ein sagenhafter
Empfang bereitet und ein fulminantes Mittagessen auf-
getragen. Wir wurden von den Menschen belagert, viele
Familien waren angereist, um ihre Liebsten willkommen
zu heißen. Das Kloster war randvoll mit Personen aller
Altersklassen, wir erhielten kleine Geschenke und wurden
liebevoll in die umtriebige Welt zurückgeführt.

Der Lärmpegel war zwar einem Kloster angemessen, in
meinen Ohren jedoch dennoch gewaltig, denn ich war ja
drei Jahre lang von beinahe absoluter Stille, abgesehen von
rituellen Geräuschen, umgeben gewesen. So war ich zwar
zunächst wenig an Kommunikation interessiert, wollte
aber möglichst schnell Kontakt zu meinem Lehrer aufnehmen und ihn wiedersehen. Ich erbat ein Telefon, doch als
ich versuchte, es zu bedienen, musste ich feststellen, dass
die technische Entwicklung rasante Fortschritte gemacht
hatte, die an mir natürlich spurlos vorübergegangen waren. Die Mobiltelefone hatten sich von schwarzweißen,
gurkengroßen Handtaschenkillern zu kleinen, bunten

Spielzeugteilen entwickelt, deren Tasten zudem versteckt waren. Nachdem man mir, nicht ohne eine gewisse Heiterkeit, eine Freileitung verschafft hatte, rief ich in Indien an, und mein Lehrer sagte nur: »Come back home.« Mein Herz machte Freudensprünge, ich würde Rinpoche bald von Angesicht zu Angesicht treffen und seinen Segen erhalten. Also machte ich mich bald darauf auf den Weg nach Hause, in der Hoffnung, länger dort verweilen zu dürfen.

Das »Draußen« erschien mir wie ein Film, unreal, der vor mir wie im Zeitraffer ablief. Die Menschen erschienen mir wie Ameisen, unaufhörlich und scheinbar ziellos dauernd in Bewegung. Ich betrachtete diesen Film, als säße ich im Kino, und eine Fülle von Eindrücken offenbarte sich mir. Genauso ging es mir natürlich im direkten Umgang mit Menschen. Die drei Jahre des Schweigens hatten ihre Spuren hinterlassen, ich hatte überhaupt kein Bedürfnis, mich jemandem mitzuteilen. Aber alle Menschen schienen unentwegt und ohne etwas wirklich Wichtiges sagen zu wollen, zu sprechen, sich einem fiktiven Gegenüber anzuvertrauen. Ich brauchte tatsächlich einige Jahre, um wieder aktiv kommunizieren zu können. Damit ich zurück nach Indien fliegen konnte, hatten verschiedene Bekannte zusammengelegt, um mir die benötigten Flugtickets zu verschaffen, und so machte ich mich auf den langen Weg von Delhi, einer kleinen amerikanischen Provinzstadt in Upper New York State, nach Delhi in Indien, um von dort aus wiederum per Auto in den Norden zu kommen.

Seit 9/11 hatten sich die Sicherheitsanforderungen für Reisende bekanntlich dramatisch geändert. Wir waren zwar vorgewarnt worden, aber realisiert hatte noch keiner von uns, wie sich die Anschläge auf den normalen Alltag auszuwirken begonnen hatten. Unsere Klausurköchin hatte uns eindringlich immer wieder darauf vorbereitet, dass die Welt nicht mehr dieselbe sei. Beim Security Check wurde mein Nagelclipper beschlagnahmt, was keinerlei Sinn für mich machte. Alles, was ich am Körper mitführte, wurde ausführlich unter die Lupe genommen, ich musste meine Schuhe ausziehen und durch das Röntgengerät schicken, auch meinen Gau (ein Amulett, das gesegnete Substanzen und/oder Reliquien enthält und gut verklebt am Körper getragen wird und somit nicht zu öffnen ist). Meiner ist mittlerer Größe, ich trug ihn quer über den Oberkörper an einem Gurt. Er sollte nun gewaltsam geöffnet werden, was ich dann aber doch abwenden konnte. Ich sah dem Treiben völlig verständnislos zu, und während die Angestellten des Flughafens glaubten, es mit einer Außerirdischen zu tun zu haben, war ich meinerseits davon überzeugt, bei Aliens gelandet zu sein. Die Menschen waren unfreundlich, gestresst und nahmen automatisch immer das Schlimmste bei allem an. Mein Eintritt in die Welt draußen war übergangslos und fordernd. Ich hoffte, im Kloster in Indien Zuflucht zu finden.

Tai Situ Rinpoche wieder treffen zu dürfen war mein größtes Geschenk, die schönste Anerkennung. Jene Art der Vertrautheit, die sich in der Klausur ausbaute und vertiefte, fand im physischen Wiedersehen mit meinem Lehrer seine Krönung. Die Reise war lang, körperlich anstrengend und schien niemals enden zu wollen. Ich musste einige Male umsteigen und die diversen Sicherheitschecks über mich ergehen lassen, bis ich endlich in Neu-Delhi angekommen war, von wo aus ich weiter in den Norden reisen würde. Im Gepäck hatte ich Unmengen von Gewand für »unsere« Nonnen, Roben und sonstige Kleidung, die die Teilnehmer der Klausur nicht mehr brauchten oder mir gern für die Frauen mitgaben. Aus der Kälte des Winters in Amerika kommend, tauchte ich nun in den angehenden Sommer Indiens ein. Und nachdem die schier niemals endende Reise ihr Ende genommen hatte und ich endlich im Kangratal war, wurde die Vorfreude mit jedem weiteren Kilometer, der die Distanz zum Kloster verkürzte, größer. Die hohen Ausläufer des Himalaya waren immer noch mit Schnee bedeckt, im Tal blühte alles und war saftig grün, Indien hatte mich mit seiner kraftvollen, teilweise unberührten Natur wieder. Bald würde ich meinen Guru, meine alten Freunde wiedertreffen. Als ich nun endlich das Klosterareal erreichte und die ersten Mönche sah, die mich nicht erkannten, als ich sie grüßte, dachte ich mir noch nichts dabei. Doch je näher ich an das Hauptgebäude kam, desto verwunderter war ich, denn niemand im Kloster erkannte mich wieder. Ich war extrem dünn geworden in den drei Jahren. So suchte ich gleich nach meiner Ankunft den Privatsekretär meines Lehrers auf und erbat eine Privataudienz. Und bald saß ich auch meinem Guru gegenüber, der im ersten Moment sehr besorgt aussah. Er befragte mich, wie es mir ergangen sei, er habe einiges von mir gehört. Ich war einfach nur glücklich, viel zu glücklich, um tatsächlich Informationen übermitteln zu können, und hoffte nur, meinem Lehrer länger nahe bleiben und einige Zeit in seinem Kloster leben zu dürfen, um mich nach dem Klausuralltag wieder in den bewegteren Klosterablauf integrieren zu können. Doch stattdessen offenbarte mir mein Guru in dieser ersten Zusammenkunft gleich, dass ich mich für einige Tage ausruhen, aber in Kürze das Kloster wieder verlassen solle. Und so war ich nach einem zehntägigen Aufenthalt wieder einmal auf Achse.

Wer Mönch oder Nonne sein möchte, tut dies, um sein Leben in Gemeinschaft Gleichgesinnter zu verbringen, nicht um einen höheren, persönlichen Grad zwischenmenschlicher Beziehungen zu entwickeln, sondern um gemeinsam zu leben, zu praktizieren und dem Ziel, der Erleuchtung, ein Stück näher zu kommen. Naturgemäß funktionieren Gemeinschaften nur durch das Einhalten spezifischer Regeln, die bei uns von Kloster zu Kloster leicht divergieren und auf die besondere Umgebung und Umstände abgestimmt sind. Nonnen und Mönche leben also nicht nur nach den Regeln und Gelübden ihrer Ordination, sondern halten auch jene Regeln ein, die ein gemeinsames Leben erst möglich machen. Damit haben viele Westler ein Problem. Wir alle streben nach Individualismus und Freiheit, vergegenwärtigen uns allerdings nicht, dass das, was wir persönlich nennen, größtenteils nicht individuell ist, sondern egoistisch und auf Kosten anderer passiert. Im Kloster aber wollen wir unseren Egoismus auflösen und ihn durch ehrlichen Altruismus ersetzen. Dieses Thema betrifft naturgemäß nicht nur klösterliche Einrichtungen, sondern jede Art von Gemeinschaft. In meiner eigenen Schülerschaft ist das nicht anders, so rief ich meinen Schülern vor kurzem dieses Thema wieder einmal in Erinnerung. Letztendlich, mit ein bisschen Abstand betrachtet, ist es ganz leicht zu verstehen. Wenn wir uns gemeinsam aufmachen, ein Projekt zu realisieren, sei es weltlich oder spirituell, und uns somit vielen Individuen gegenübersehen, von denen jedes anders funktioniert, denkt und agiert, muss eine Metastruktur geschaffen werden, die für alle verbindlich wird. So musste ich gewisse Regeln schaffen, die allen Beteiligten die Möglichkeit boten, ihren Platz im Ganzen zu finden. Immer wieder tauchten Menschen auf, die sich in diese Struktur nicht einfügen wollten und – oft ganz unbewusst – dazu tendierten, die Gruppe anzuführen, aufzuwiegeln oder zu sabotieren.

In Klöstern ist das nicht anders. Strukturen, die den täglichen Ablauf im Kloster garantieren, sind notwendig, um Freiräume für das Spirituelle zu schaffen. Für Nonnen und Mönche ist das Kloster ihre neue Familie. In den Köpfen mancher Menschen geistert die Vorstellung herum, dass Ordinierte in Klöstern nur herumsitzen und den ganzen lieben, langen Tag nichts anderes tun als beten, wie man mir schon öfter entgegenbrachte. Doch Klöster sind voller Arbeit, voller ganz normaler, strukturerhaltender Arbeit! Vom Reinigen, Waschen, Kochen, vom Beschaffen von

Nahrungsmitteln bis zur Mithilfe beim Errichten neuer Gebäude sind Nonnen wie Mönche je nach Können, Wissen, Ausbildungsstand und Fähigkeiten in den täglichen Ablauf eingebunden. Wir unterscheiden im Klosterablauf, ganz grob gesagt, drei verschiedene Tätigkeiten: der praktizierende, studierende und arbeitende Ordinierte, wobei die drei Felder einem von Kloster zu Kloster divergierenden Rotationszyklus unterworfen sind und somit jeder gemäß seinen Fähigkeiten zum Einsatz kommt.

Was Monasten im Westen anbelangt, so stehen sie einer ganz anderen Situation gegenüber. In Ermangelung klösterlicher Einrichtungen gibt es zwei Möglichkeiten für jene, die ein klösterliches Leben führen möchten: Die einen erbitten (trotzdem) Ordination und sind vollkommen auf sich allein gestellt, müssen genauso wie vorher ihren Lebensunterhalt bestreiten und korrumpieren damit mehr oder weniger Sinn und Zweck der Ordination, all die Sorgen und Nöte jener, die ein »normales« Leben führen, hinter sich zu lassen und sich voll und ganz auf ihr spirituelles Fortkommen zu konzentrieren. Die anderen trauen sich aufgrund dieser Lage gleich gar nicht zu, klösterliche Gelübde zu erbitten. Deshalb möchte ich ein Kloster im Westen, für den Westen, von einer Westlerin bauen.

In meinem Fall lief natürlich alles etwas anders. Stur wie ich bin, fand ich es einerseits inakzeptabel, eine solche Situation einfach hinzunehmen, und war andererseits erfüllt von der Mission, diesen Missstand zu durchbrechen. Mein Lehrer tat von Anfang an alles Erdenkliche, meine persönliche Ausbildung zu ermöglichen und mir inmitten seines Klosters, in dem sonst nur Mönche lebten, als Frau einen Platz zu schaffen. So wurde ich damals in aller Stille zu einem Teil der Gemeinschaft, ohne dabei eine Revolution anführen oder lautstark auf Missstände aufmerksam machen zu müssen, wie ich das bei anderen westlichen Nonnen oftmals gesehen hatte. Ich *tat* es einfach.

Einzelne Mönche, Nonnen oder Lamas werden innerhalb des monastischen Systems, aber natürlich auch aufgrund ihrer Befähigung, in andere Klöster oder Zentren weltweit geschickt, wo sie benötigt werden.

So schickte mich Rinpoche, wieder einmal in krassem Gegensatz zu dem, was *ich* erwartet oder erhofft hatte, auf Wanderschaft. Kaum hatte ich meinen Jetlag verdaut, teilte er mir mit, ich solle mich darauf vorbereiten, mein nächstes Domizil in Japan zu beziehen. Das war ein gewaltiger Schock für mich, da ich damit gerechnet hatte, zumindest für eine gewisse Zeit in meinem Elternkloster leben zu dürfen. Doch nun würde ich mich geistig-seelisch darauf einstellen, in einem anderen Winkel Asiens zu sein.

In Japan lebte eine gute Freundin von mir, die ebenfalls Schülerin Rinpoches ist. Sie hatte ihn darum gebeten, mich zu ihr zu schicken, um in Tokio ein Zentrum unserer Linie zu errichten. Wir sind keine »missionarische« Religion, wir gehen nicht hinaus, um zu »bekehren«. Unser Selbstverständnis ist es, Menschen in der Situation, in der sie sich befinden, auf deren eigenen Auftrag hin zu helfen, ihr Herz zu entdecken und zu perfektionieren. Das heißt, dass nur gelehrt wird, wenn Bedarf nach Dharma besteht.

Rinpoche willigte in die Bitte dieser Freundin ein, und

so war ich über den Umweg Österreich, wo ich mir ein dreimonatiges Touristenvisum für Japan besorgte, auf dem Weg von der absoluten Stille in die hektische Neun-Millionen-Metropole Tokio. Gleich nach meiner Ankunft gingen wir ein paar notwendige Dinge des alltäglichen Lebens für mich besorgen, wie zum Beispiel persönliches Geschirr. Bei der Auswahl meiner Schale und Tasse, ich griff natürlich zu traditioneller japanischer Keramik, wurde ich sofort darauf aufmerksam gemacht, dass das keine gute Wahl sei, da der Boden sich in Japan ständig bewege und Erdbeben fast auf dem Tagesprogramm stünden. Nicht selten fände man, abends von der Arbeit heimkehrend, den Inhalt seiner Küchenschränke am Boden verteilt vor. Also wurde ich von Kunststoff, den ich nicht besonders mag, überzeugt. Die Auswahl einzelner Kleidungsstücke hingegen war ein Drahtseilakt. Zwar hatte ich nach der Klausur nicht einmal mehr Kleidergröße 32 bei einer Körpergröße von 1,85 Meter, aber selbst die japanische XL passte mir nicht. Alles war natürlich viel zu kurz. Die Stücke sahen an mir aus, als wären sie zu heiß gewaschen worden, was den Verkäuferinnen in den Geschäften nicht selten unverhohlene Lachsalven entlockte. Irgendwie wurden wir dann aber doch noch fündig.

Ein anderes Problem war die Ernährung. Ich kam damals gar nicht nach, meinen Energiebedarf zu decken. In der Klausur braucht der Körper nicht viel Nahrung, weil es kaum physische Aktivitäten gibt, und so ist es vollkommen normal, Gewicht zu verlieren. Sobald man aber draußen ist und sich normal im Alltag bewegt, muss man darauf achten, genug Energie aufzunehmen. Ich weiß aus eigener Erfahrung, was es bedeutet, mit einem total ausgehungerten Körper sowohl geistig als auch physisch aktiv sein zu müssen. Ich hatte die Wahl: Entweder kam mein Körper zu kurz oder mein Geist. Oft fühlte ich mich ausgelaugt und war müde. Doch mein Entschluss, der Gemeinschaft zu dienen, war größer. Mein Wille hatte Oberhand, und so rappelte ich mich auf und begann meinen Alltag in Japan.

Alles hier war anders, nach europäischem Standard klein, nach amerikanischem winzig: die Wohnungen, die Zimmer, die Menschen. Ich hatte selten zuvor so viele geschäftige Menschen auf so kleinem Raum gesehen, die Stadt schien nie zu schlafen. Die Straßen waren immer voll, dichte Menschentrauben schoben sich durch die Häuserschluchten. Hochhäuser schossen in null Komma nichts aus dem Boden, Arbeiter waren in Tag- und Nachtschichten im Dauereinsatz. Während meines dreimonatigen Aufenthalts in Tokio spuckte der Boden in unserer direkten Nachbarschaft einen ganzen Wolkenkratzer aus. Wir lebten in einer Art Vorort, wo noch viele alte, traditionelle Häuser standen, die aber zunehmend den schnelllebigen, uniformen, monströsen Wohnsilos, Supermärkten und Büros Platz machen mussten. Man konnte fast dabei zusehen, wie die Umgebung sich täglich und sehr zu ihrem Nachteil veränderte.

Eine wichtige Grundanschaffung, die für mich geleistet wurde, war ein Fahrrad, in Japan das Fortbewegungsmittel des einfachen Mannes und der breiten Massen. Das war großartig. Ich fahre sehr gern Rad, bewege mich und betrachte mein Umfeld. Für mein Jugendrad, also das erste Rad normaler, erwachsener Größe, hatte ich lange gespart. Es war ein beiges Holländerrad, das ich Stück für Stück ausbaute. Von meinem Taschengeld kaufte ich Fahrradtaschen, Werkzeug, sogar ein kleines Radio brachte ich am Lenker an. Mein Rad war für mich Ausdruck kleiner, persönlicher Freiheit gewesen. Ich bestieg es, sooft ich konnte. In meiner frühen Erwachsenenzeit hatte ich ein spartanisches Mountainbike, mit dem ich sowohl Wald als auch Stadt in hautenger, anliegender Sportkleidung, speziellen Schuhen und Helm unsicher machte und die Strecke von der Universität nach Hause trotz stetigen Anstiegs und anderem Individualverkehr, ganz im Gegensatz zur Tramway, die sich dessen ungehindert fortbewegen konnte, immer schneller schaffte als die Straßenbahn. Deshalb freute ich mich sehr über meinen japanischen Untersatz: Er war schwarz und im Holländerstil, meinem Jugendrad sehr ähnlich.

Ich begann, meine Umgebung zu erkunden. Wenn ich nicht lehrte oder anderen Verpflichtungen nachkam, wanderte oder radelte ich gern durch die Nachbarschaft und Umgebung. Dabei leistete mir mein Ur-Orientierungssinn gute Dienste. Egal, wo man mich »aussetzt«, ich finde immer nach Hause. Ob im Wald oder in der Stadt; sogar im chaotischen Wirrwarr uniformer Hochhausschluchten, ständig wiederkehrender Leuchtreklamen und Menschenmassen führt mein Pfadfindersinn, den ich im Laufe meines Lebens immer wieder gut brauchen konnte, mich ausnahmslos an den richtigen Platz zurück. Ich erinnere mich an meine erste große Reise ohne Eltern mit meiner damals besten Freundin. Wir waren siebzehn und verbrachten unsere Schulferien in Paris, wohnten in einer Jugendherberge mitten im fünften Bezirk, Mittelpunkt des kreativen und studentischen Lebens, und genossen unsere Freiheit. Damals erkundete ich die Stadt hauptsächlich zu Fuß. Ich wusste zwar nie genau, wo ich mich tatsächlich befand, aber ich mochte dieses freie Herumstreunen, das mich die interessantesten Winkel und Menschen kennenlernen ließ.

Die fremden japanischen Schriftzeichen hatte ich mir in kurzer Zeit so weit angeeignet, dass ich sie zwar nicht wirklich lesen konnte, mit einem U-Bahn-Plan meine Ziele jedoch immer mittels meines fotografischen Gedächtnisses, das sich das Wortbild einprägte, erreichte. Dabei ist das U-Bahn-Fahren in Tokio eine ganz eigene Erfahrung: Zur Rushhour ist der Zug so vollgestopft mit Menschen, dass kaum Luft zum Atmen bleibt. Man steht, ohne sich festhalten zu müssen, weil gar kein Platz zum Umfallen ist! Der Dauerbeschuss mit Werbung macht auch vor U-Bahnhöfen und Zügen nicht halt: Selbst im Zug wird man von leuchtenden Reklamefilmen, die ohne Pause abgespielt werden, heimgesucht. Die Japaner entgehen dieser Zumutung, indem sie größtenteils Kopfhörer tragen oder schlafen. Jeder für sich, ein Meer von Einzelkämpfern. Das fiel mir besonders auf, nachdem ich drei Jahre in einer sehr kleinen, vertrauten Gemeinschaft verbracht hatte, in der jeder Gemütszustand des einen zur direkten Erfahrung der anderen wird.

Meine Gastgeberin hätte mich gern noch länger im Zentrum beherbergt, und so füllten wir gleich nach meiner Ankunft Unmengen von Papieren aus, um eine Gaijin-Karte, eine Art Ausländererfassungsdokument als Vorstufe zur Green Card, zu erhalten. Alle Ausländer, die sich für länger in Japan aufhalten, müssen eine solche Karte vorweisen. Immer wieder waren wir bei den Behörden, doch da mir meine notwendigen Papiere letztendlich und allen Bemühungen zum Trotze doch nicht ausgehändigt wurden, musste ich nach genau drei Monaten das Land wieder verlassen und war nun nach meinem viel kürzer als gedachten Aufenthalt in Japan zurück in Wien.

# Zurück in Europa

Zuhause ist Wärme,
Vertrautheit mit uns selbst,
Die uns vollständig mit dem Universum verbindet.

Perfektes Vertrauen in unser Herz,
Das uns sanft überflutet,
Um die Welt offen zu umarmen.

Als Heimat betrachte ich nicht zwangsläufig den Ort meiner physischen Herkunft. Ich mag und schätze Österreich sehr und fühle mich hier im Allgemeinen sehr wohl, aber Heimat ist für mich das *Gefühl,* zu Hause zu sein. Ich sehe all das als äußere Heimat, wo ich praktizieren kann, wo Gleichgesinnte an einem Ort mehr oder weniger lose in Frieden und Harmonie zusammenleben. Meine innere Heimat aber ist die Tiefe meines Herzens, jene Unendlichkeit, Unvoreingenommenheit und zunehmend umfassendere Liebe, die zu entfalten mein wahres Anliegen und Streben ist. Diese ist vollkommen orts-, kultur- und traditionsunabhängig. Darüber hinaus fühle ich mich zuallererst als Mensch, als eines von unzähligen Lebewesen auf dieser kostbaren Erde, als Weltenbürger, der, oder die, wie zufällig zum zweiten Mal im Herzen Europas gelandet oder gestrandet war.

2004 war ein bewegtes Jahr für mich: Ich hatte die lange

Klausur beendet, war nach Indien gekommen, von dort nach Japan geschickt worden, um im Sommer wieder in Österreich zu sein. Im Winter reiste ich in die USA, zunächst in das Kloster in New York, in dem ich die Dreijahresklausur durchlebt hatte, um meinen Klausurmeister wiederzusehen und schließlich in einem vietnamesischen Tempel die volle Gelongma oder Bhikkuni-Ordination zu erbitten. Gleich bei meiner ersten Ordination hatte ich von meinem Lehrer die Erlaubnis zu dieser vollständigen Weihe erhalten wollen, der mich aber aufklärte, dass ich diese erst nach Ablauf einiger Jahre erhalten könne. Ich wusste, dass ich sie nicht in unserer Tradition erbitten konnte, da diese volle Ordination in der Geschichte des Buddhismus Tibet nie erreicht hatte und somit durch eine tibetische Linie nicht weitergegeben werden kann. So fragte ich meinen Guru 2004, ob ich an der Weihe in dem Tempel, den ich per Internetrecherche ausfindig gemacht hatte, teilnehmen dürfe, und er gab mir seinen Segen. Also verbrachte ich den Dezember des Jahres in Los Angeles in jenem vietnamesischen Tempel, wo wir, Nonnen aus allen Traditionen des Buddhismus, tibetisch, koreanisch, chinesisch, thai und vietnamesisch, für einen Monat in der Bedeutung jedes einzelnen Gelübdes unterrichtet wurden und Erklärungen zu deren Einhaltung in der Jetztzeit erhielten, um letztendlich am 4. Dezember diese Weihe gemäß der Tradition in der Gruppe zu erhalten. Danach kehrte ich nach Wien zurück. Einige meiner Schüler hatten bei meinem Lehrer erbeten, mich nach Wien gehen zu lassen, um ihre dortige Gemeinschaft, die sich schon länger im Tiefschlaf befand, zu neuem Leben zu erwecken und ihr ein inneres und äußeres Heim zu geben. Dies sollte meine nächste und dauerhafte Aufgabe werden, die mich von nun an mit dem Land meiner Herkunft fest verband. Und so musste ich nun zunächst einmal meine Muttersprache, die ich all die Jahre kaum gesprochen hatte, in ihrer Tiefe und ihrem Reichtum wieder erlernen.

Meine ersten Belehrungen müssen also wohl ein ziemliches Kauderwelsch an Tibetisch, Englisch und fragmentarischem Deutsch gewesen sein. Es war mir klar, ich müsste, um nicht im Stereotyp des Buddhismus, wie er im Westen oft praktiziert wird, zu enden und meinen Schülern dadurch die Möglichkeit zu nehmen, die Essenz, also ihr Herz, zu entdecken, sehr bald eigene Übersetzungen aus dem tibetischen Original anfertigen. Erste Berichte über den Buddhismus sind bekanntlich durch Marco Polo und seine Reisen im 13. Jahrhundert in unseren Kulturraum gekommen, ein weiterer wichtiger Träger der Verbreitung war Arthur Schopenhauer im 19. Jahrhundert, der, obwohl nur über fragmentarisches Wissen verfügend, sich selbst als den ersten europäischen Buddhisten bezeichnete. Reiseschriftsteller wie Alexandra David-Néel schilderten mit dem persönlichen, westlichen Wortschatz ihrer Zeit Erlebnisse, die uns ganz und gar exotisch anmuten. Für mich ist der Buddhismus weder exotisch noch geheimnisvoll oder gar magisch. Er ist ein sehr feinmaschiger, umfassender, vollständiger Weg, der mittels Philosophie, Wissenschaft und spiritueller Praxis die Erfahrung von Buddha in unseren Herzen ans Tageslicht zu fördern imstande ist.

Meine Liebe zur Linguistik wurde nun unter einem neuen Stern und neuer Zielrichtung wieder entfacht. Liebte ich es während meiner Studienzeit, Sprache in ihre kleinsten Bestandteile zu zerlegen, so konnte ich sie jetzt in neuem Umfeld anwenden und versuchte, Pendants im Deutschen für die wundervoll poetischen und blumigen Liturgien des Tibetischen zu finden. Nichts ist anscheinend umsonst, und irgendwann offenbart sich uns der tiefere Sinn und Nutzen all unseres Tun. Das hatte schon meine Urgroßmutter gewusst.

Heute, nachdem ich wieder einige Jahre in Österreich lebe, denke ich, beherrsche ich das Werkzeug eigentlich ganz gut und bemühe mich, jenen, die, so wie ich einst, auf der Suche nach dem Schlüssel zu ihrem Herzen sind, das entsprechende Werkzeug, den richtigen Zugang oder Code bereitzustellen und für jeden Suchenden das geeignete Kaliber zum Aufsperren zur Verfügung zu stellen: verschnörkelte Schlüssel, Hightech-Card-Reader, ganz schlichte oder knallbunte Schlüssel, genau die passende Methode, den geheimnisvoll-bezaubernden Garten eines anmutigen Universums von unvergleichlicher Schönheit, Pracht und Vielfalt inmitten unserer eigenen Seele sich selbst offenbaren zu lassen.

Mein Neuanfang in Wien war sehr spannend. Ich traf meine Eltern wieder, tauchte einfach unangekündigt bei ihnen zu einem Feiertag, an dem auch meine Großmutter anwesend war, auf. Der freudige Schock war riesig. Nie-

mand konnte glauben, dass ich plötzlich da war, noch viel
weniger, dass ich diesmal bleiben würde! Für sie war es
wie ein Traum. Ich kann mich nicht mehr genau an dieses
erste Treffen erinnern, zu viele Eindrücke hatten mich
in der kurzen Zeit überfallen und vereinnahmt. Es war
schon einigermaßen herausfordernd, aus der vollkommenen Abgeschiedenheit mit einem Abstecher in mein
(spirituelles) Zuhause in die Hektik einer Weltmetropole
und von da aus wieder zum Anfangspunkt zurückzukom-
men. Ich wusste, ich musste und würde bei null anfangen.
Natürlich wollte meine Familie alles von mir hören, doch
ich hatte das Gefühl, gar nichts mehr zu wissen.

Meine Familie war von meinem Schritt der Ordination
Jahre zuvor alles andere als angetan gewesen. Ich hatte
meine Mutter damals im Jahr meiner ersten Weihe nicht
sofort über mein Ziel aufgeklärt, sondern erst ein Jahr
später. Sie war entsetzt und schockiert. Fortan versuchten
sie und meine Großmutter, mich davon zu überzeugen,
dass *das* nicht das Richtige für mich sei, sie getrauten sich
nicht einmal, das *das* auszusprechen. Wohl auch, weil sie
so überhaupt keinen Zugang zu Religion im Allgemeinen
und zu meiner offensichtlich vollkommen anderen Ge-
dankenwelt hatten. Meine Großmutter, solange sie lebte,
ließ sich von mir immer damit beruhigen, dass ich ja jederzeit die Robe ohne jegliche Repressalien oder andere nega-
tive Konsequenzen wieder ablegen könne. Meine Mutter,
so hoffe ich, beginnt erst jetzt wirklich zu akzeptieren, dass
ich meine Karriere, einen scheinbar sicheren Job, nicht aus
Jux und Tollerei und auch nicht aus einer kurzfristigen

Laune mit dem vollkommen konträren Leben eines spirituellen Lehrers tauschte. Ich denke, verstehen wird sie es nie wirklich, aber sie akzeptiert es mittlerweile, nicht zuletzt deshalb, weil wir, meine Gemeinschaft und ich, wie es scheint, im Besitz eines schönen Zentrums sind, dessen Schreinraum meine Mutter jedes Mal, wenn sie mich besucht, bewundert. So konnten wir uns über die Jahre eine vollkommen neue Art von Beziehung erarbeiten, die tiefer und gesünder ist als alles, was wir davor gehabt hatten.

Nach meiner Rückkehr war ich zunächst übergangsweise bei einem Mitglied der Gemeinde auf dem Gästesofa untergebracht, während in der Zwischenzeit Wohnraum für mich, eine Einzimmerwohnung, geschaffen wurde, in der fortan auch die regelmäßigen Zusammenkünfte und Meditationen, persönlichen Gespräche und Belehrungen stattfanden. Alles war sehr heimelig und vertraut. Wir wussten allerdings, dass das nur eine kurzfristige Lösung sein konnte. Und tatsächlich ergaben sich erste Schwierigkeiten, wenn Menschen mich aufsuchten und sich ein wenig unwohl fühlten, weil sie mehr oder weniger in meinem Schlafzimmer saßen, um hier gemeinsam mit anderen, Fremden zu meditieren. Ein eigener Platz musste her! Und in der größten Not stellte ein Freund der Gemeinschaft uns eine Wohnung für ein Zentrum zur Verfügung. Auch dies konnte nur eine Übergangslösung sein, da wir letztendlich natürlich etwas Eigenes haben wollten und mussten. Außerdem hatte und habe ich nach wie vor Pläne für ein großes Projekt von Leben in Gemeinschaft auf dem

Land mit verschiedenen Lebensstilen mit Schwerpunkt Klausur, das vielen Menschen ein Zuhause geben soll, die ihrem Leben mehr entlocken, die in die Tiefe ihres Wesens vordringen, den wahren Sinn ihres Daseins leben wollen. So, wie ich zeit meines Lebens in der Jugend den Sinn des Lebens in seiner vollen Tiefe zu ergründen suchte, bin ich überzeugt, geht es vielen Menschen. Ich bin mir darüber hinaus sogar ziemlich sicher, dass die sogenannte Sinnfrage jeden Einzelnen früher oder später ergreift und Antworten einfordert. »Wer bin ich, worin liegt der Sinn in meinem Leben«, und dergleichen sind Parameter, die uns Menschen, die wir mit Verstand ausgestattet sind, irgendwann ereilen. Wenn wir dann verstehen, dass wir Teil eines Ganzen sind, das nur dann funktioniert, wenn jeder sein »Schäuferl« dazu beiträgt, dann kann sich die enge Sichtweise des »ich« zugunsten »aller« Stück für Stück auflösen. Dann erkennen wir Sinn oder Berufung in unserem Dasein, aus dem die Knospe des Verantwortungsbewusstseins wie ganz natürlich aus sich selbst heraus entsteht.

Verantwortung ist das Erkennen, dass alles im Fluss ist, nichts stillsteht, und dass jeder Einzelne am Funktionieren des Ganzen maßgeblich beteiligt ist. Aus diesem Verständnis erwachsen Handlungen, deren Wirkungen nicht nur den Handelnden selbst, sondern auch dessen Umfeld maßgeblich beeinflussten. Verantwortung bedeutet, sich der Tragweite seiner eigenen Handlungen bewusst zu werden.

Die Grundidee des von mir geplanten Projektes ist, die verschiedenen Lebensstile an einem Platz gemeinsam zu leben. Nicht als große Hippiekommune, sondern als ein Ganzes, das aus verschiedenen, in manchen, aber nicht allen Bereichen überlappenden Teilaspekten besteht. Familien (mit oder ohne Kinder) haben andere Bedürfnisse als Ordinierte, als Menschen in Klausur. Besonderes und Hauptaugenmerk gilt dabei natürlich den Klausureinrichtungen. Ebenso denke ich an eine klösterliche Gemeinschaft, die alle Aspekte monastischen Lebens beinhalten und jenen, die diesen Lebensstil suchen, das volle Spektrum an Möglichkeiten bieten soll. Ich möchte mich dabei allerdings nicht zum Quartiergeber für jene degradieren, die das Kloster als Möglichkeit zur Frühpension betrachten oder andere unehrliche Absichten hegen. Mönch oder Nonne zu werden bedeutet, sich durch die Gelübde Freiraum zu verschaffen, um uns unserem Ziel der Erleuchtung auf einfachere Weise, frei von den Sorgen eines »normalen« Lebens, zu nähern. Ich habe aber auch schon erlebt, dass Menschen bei mir auftauchten, um Ordination zu erbitten, ohne diese Grundeinstellung und Intention und einzig und allein am äußeren Erscheinungsbild eines Entsagenden, also einer Nonne oder eines Mönches, interessiert waren. Als ob es eine neue Moderichtung wäre, die auszuprobieren noch anstünde. Dabei muss man wissen, dass Buddhas Robe so wie die Gelübde auch, die durch ihn bis zu uns weitergereicht wurden, als direkte Antwort auf die Bedürfnisse der Gemeinschaft, die sich um ihn herum gebildet hatte, entstanden war. Sie sollte Sinnbild des Entsagenden sein, und so wurden nur Stoffe verwendet, die andere weggeworfen hatten. Die Fundstücke wurden gebleicht, gesäubert und mit speziellen Farben, die man aus Pflanzen gewann, im Stil der Bettler der damaligen Zeit eingefärbt. Was die Farbgebung anbelangt, so waren jene Pflanzen dazu auserkoren, welche die für die damalige Gesellschaft scheußlichsten und auch billigsten Farben produzierten, um damit die Abkehr von genau dieser Gesellschaft als Sinnbild aller Anhaftung zu demonstrieren und auch das Gelübde, ein einfaches Leben in Übung in Selbstlosigkeit zu führen, zu veranschaulichen. So wandelten sich die Farben in den verschiedenen Ländern, in denen der Buddhismus Fuß fasste, und damit erklärt sich auch die Vielfalt der buddhistischen Roben der unterschiedlichen Traditionen. In Tibet war Rot die Farbe der armen Leute und bedeutete auch zugleich das Sichhinwenden zu anderen in liebender Güte und Mitgefühl. Heutzutage sind unsere Roben nicht mehr aus weggeworfenen Stoffen gemacht, sondern werden in Klöstern den Ordinierten von den Laien dargebracht. So kann das Grundprinzip, Kleidung nicht aus persönlichen Vorlieben heraus zu kaufen und zu tragen, beibehalten werden. Die Robe soll das äußere Symbol unserer inneren Hinwendung sein. Wenn wir nur Interesse an der Robe als einem schönen Stück Gewand haben, vielleicht mal ausprobieren wollen, wie es ist, sie zu tragen, werden wir, das kann ich garantieren, kläglich in unserem halbherzigen Versuch scheitern. Wenn wir Dharma praktizieren und unser Interesse nur dem Gewand gilt, dann wird unsere Praxis genau solche Ergebnisse zutage fördern: Betrug an uns selbst und unserer Umwelt. Wenn wir so handeln, betrügen wir nicht nur, wir brechen gleich ein Grundgelübde und verlieren dadurch strenggenommen sogleich unsere Ordination. Da ist sie wieder: die Ehrlichkeit, Grundhaltung, Basiseinstellung und unentbehrliche Notwendigkeit zu unserer eigenen Glückseligkeit. Der Garten unseres Herzens eröffnet sich nicht durch Tricks, das Herz erkennt den Betrug, und wir bleiben wie Ali Baba vor der verschlossenen Schatzkammer zurück, wenn wir hoffen, uns das magische Schlüsselwort erschleichen zu können. Denn genau das ist der Clou: Es gibt keinen Code, keine Zauberformel, unser Herz zu öffnen. Es eröffnet sich, offenbart sich durch sich selbst! Damit es sich offenbaren kann, ist es zu wenig, die klösterliche Ordination zu erhalten. Um Erleuchtung zu erreichen, bedarf es der spirituellen Praxis, egal ob Monast oder Laie. Im Kloster gibt es ein vorgegebenes Curriculum an Liturgien, Meditationen und Gebeten, die im Wandel des Jahres, des Monats und Tages durch die Gemeinschaft verrichtet werden. Dazu kommt die individuelle spirituelle Praxis, die jeder Schüler, egal, ob Mönch, Nonne, Laie oder Lama, von seinem eigenen Lama oder Guru erhält und die täglich auszuführen ist. Am besten vertiefen wir diese in Klausuren, und so ist der mir persönlich wichtigste und am meisten am Herzen liegende Punkt meines Projekts definitiv die Klausureinrichtung. Ich beabsichtige, ein eigenes Klausurareal zu etablieren, wo die verschiedenen Arten der Zurückziehung möglich sein sollen: ein loser Hüttenverband, in dem Einzelklausuren unterschiedlicher Länge möglich sein werden, genauso wie die klassische Dreijahresklausur mit ihrem vorgegebenen Programm. In einem anderen Teil des zukünftigen Areals, das sich schon lange vor meinem geistigen Auge in voller Pracht erhebt, könnte ich mir im Falle eines gegebenen Bedarfs vorstellen, einer Laiengemeinschaft Platz einzuräumen. Familien, die sich in der Nähe des Klosters z. B. ein Gehöft teilen, ihrem ganz normalen Leben, ihren Jobs nachgehen, und deren Kinder in dem geschützten Rahmen altruistischer Praxis aufwachsen können.

Doch zunächst renovierten wir die Wohnung, bauten einen Schrein, ich malte, befüllte und konsekrierte die Statuen, die darin ihren Platz finden sollten, wir bauten Throne und alles andere, das gebraucht wurde, ich nähte Brokate, kurz: Wir produzierten so gut wie alles selbst, praktizierten, und ich lehrte von nun an dort.

Meine Tage waren jetzt ganz anders als jene im Kloster oder in Klausur. Ich musste meinen eigenen Rhythmus finden, der sich im Grunde genommen an die Bedürfnisse der Gemeinschaft anpasste und trotzdem meiner sein sollte, sein musste. So stehe ich nach wie vor sehr früh morgens, lange vor dem Sonnenaufgang, auf, und nutze die frühen Morgenstunden für spirituelle Praxis. Nach einem schnellen Frühstück verbringe ich zumeist die Vormittage vor dem Computer, um strukturelle, organisatorische, administrative und andere Tätigkeiten zu erledigen, tausche mich mit meinem Sekretariat aus, plane neue Projekte, kreative Arbeit jeglicher Art, Übersetzen, Malen, Nähen, Schreiben etc. So sind in meinem Computer ganze Gedichtbände vorrätig – Poesie ist für mich die direkteste

Art, erhebende Momente oder Einblicke ins Herz durch Sprache als Bilder für den Leser wiedererstehen zu lassen. Ich dichte, seit ich denken kann, versuche, die inneren Bilder, die meine Welt ausmachen, zu konservieren. Ich lebe in Bildern, male sie, sei es mit Worten oder Fotokameras oder Kalligraphiepinsel oder -feder. Meine innere Welt ist ein Kosmos von Schönheit, Universen an Glanz und Durchdrungensein von demselben, eine Offenheit gegenüber allem und mir selbst, den Tiefen meines Herzens entspringend und sich unaufhörlich ergießend. Ich denke und funktioniere, ohne es zu beabsichtigen, in Reimen, Melodien begleiten mich spontan.

Nach meinen vormittäglichen Verpflichtungen nehme ich dann nachmittags jene außerhalb des Zentrums wahr, lehre, sehe Schüler in persönlichen Gesprächen, um am frühen Abend wieder zurück in meinen vier Wänden zu sein, um mich in spiritueller Praxis zu üben und nicht allzu spät zu Bett zu gehen. Und natürlich gibt es reichlich Ausnahmen, die die Regel bestätigen. So reise ich auf Einladung auch viel, komme den Bitten von Schülern und jenen, die es werden möchten, nach. So entstanden auch die Zweigzentren zu unserem Hauptsitz in Purkersdorf vor den Toren Wiens. Obwohl also jeder Tag in sich ganz anders ist, hat meine Woche doch eine gewisse Grundstruktur. Natürlich gibt es Fluktuationen, die arbeits- und projektabhängig sind. Des Öfteren brachten Fernsehauftritte mit sich, dass ich abends in einem Studio saß und mit Menschen unterschiedlicher Auffassung zu verschiedenen Themen diskutierte und somit natürlich meine allabendliche Praxis verzögert und nach hinten verlagert wurde, aber niemals nicht stattfand. Manchmal arbeite ich auch bis spät in die Nacht hinein und verkürze damit die Schlafenszeit um ein Stück, aber im Grunde stellte sich eine gewisse Art der Strukturiertheit als hilfreich heraus, speziell in der Interaktion mit meinen Vertrauten. Mein Kreis an Vertrauten ist sehr klein und gut überschaubar. So wissen diejenigen, die mit mir direkt in Kontakt sind, zu welchen Zeiten und wie sie mich erreichen können, wann ich mich tatsächlich ihrer Bedürfnisse annehme und wann mein Telefon oder meine E-Mail, die nur diesem inneren Kreis zur Verfügung stehen, angeschaltet sind. Alle profitieren von dieser Art der Organisation und Struktur, obwohl es anfangs nicht leicht war, die Betroffenen davon zu überzeugen, dass sie mich nicht mehr, wie in anfänglicher Euphorie, zu jeder Tages- und Nachtzeit erreichen konnten, sondern nun selbst ein Gutteil an Verantwortung über die Bereiche, die ich ihnen Stück für Stück anvertraute, übernehmen mussten, und was es bedeutete, diese Verantwortung (zu meiner Zufriedenheit) zu tragen. Es war für alle ein Lernprozess, der langsam begann Früchte zu tragen und mir wieder ein bisschen Freiraum verschaffte. So versuche ich, mir jedes Jahr einige Monate für Klausuren freizukämpfen.

Ich habe kein Verlangen danach, mich mit Freunden zu umgeben, um mit ihnen gemeinsam den sinnlosen Dingen des Lebens zu frönen – Tratsch, Konsum, Unterhaltung. Ich habe einen wirklichen Freund, mit dieser Person verbinden mich dieselben Aktivitäten, Interessen und Ideen, eine Freundschaft, die absolut anders ist als alles, was ich bisher kennengelernt hatte, und die uns einander so gut und vollständig kennen lässt, als ob sie seit Anbeginn der Zeit und darüber hinaus bestünde. Denn ich bin sehr gerne allein. Ich fühle mich nie alleingelassen, nicht im geringsten. Als Kind und Heranwachsende hatte ich meine Bücher und sonstigen Interessen, die mich gut beschäftigten, nach äußerer »Belustigung« hatte ich auch mit zunehmendem Alter nie großes Verlangen gehabt. Zwar war ich eine Zeitlang sehr aktiv und ständig auf Achse, aber wirklich »befriedigt« hatte es mich nie. Nächtelang durchtanzen, Leute treffen, all das tat ich vor und in meinen frühen Zwanzigern, wahrscheinlich auch, weil man in dieser Phase seines Lebens einfach grundsätzlich zu viel Energie hat. Aber ich war nie der Inbegriff dieses Lebensstils. Meine Welt begann sich mir als innere zu offenbaren, in Fortsetzung der Sehnsüchte, Anstrengungen und der Suche meiner Kindheit, die mich dorthin führte, wo mein wirkliches Leben, meine, wenn Sie so wollen, richtige Berufung, lag und liegt: die Erschließung meines Herzens.

So begann ich auch damit, Schüler auf Pilgerreisen in den Himalaya mitzunehmen, um heilige Orte zu besuchen und große Meister kennenzulernen. Während einer dieser Reisen im Winter 2006 wurde mir ein besonderes Geschenk zuteil. Ich hatte durch die Arbeit an meinem Buch über Gyalwang Karmapa und seine Linie mit dem Privatsekretär Seiner Heiligkeit Dalai Lama Kontakt, da mir ein Vorwort zugesichert worden war, das ich auch erhalten

hatte. Ich hatte noch ein paar Fragen, die ich dem Privatsekretär stellen wollte, und so schickte ich ihm, als ich in
Indien gelandet war, eine E-Mail, informierte ihn darüber,
dass ich jetzt da war, und bat um ein Treffen mit ihm. Ich
erhielt sofort Antwort und wurde aufgefordert, zu einer
bestimmten Tageszeit eine Audienz wahrzunehmen. Nun
war ich überrascht und wusste nicht, was er damit meinte.
Ich wollte ja nur kurz mit dem Sekretär sprechen. Also rief
ich ihn an, um die Unklarheiten zu beseitigen, und wurde
davon in Kenntnis gesetzt, dass ich mit Seiner Heiligkeit eine Audienz haben würde, obwohl ich das gar nicht
erbeten hatte. Ich war sprachlos, glücklich und natürlich
freudig erregt. Zum tatsächlichen Treffen nahm ich das
Pärchen mit, das uns die Wohnung als Zentrum zur Verfügung gestellt hatte. So fragte ich den Privatsekretär im
Vorfeld nach der Etikette und erfuhr, dass der Dalai Lama
keinen Wert auf Förmlichkeiten legte.

Am Tag der Audienz registrierten wir uns im Büro seiner Privatresidenz, durchliefen Sicherheitschecks, gaben
unsere Taschen, die wie auf dem Flughafen durchleuchtet
wurden, beim Eingang ab und wurden in einen kleinen Pa-
villon auf dem Gelände geführt, in dem wir warten sollten.
Alles auf dem Areal war so friedlich, eine unsagbar tiefe,
gelassene Vertrautheit umgab uns auf dieser Insel inmitten
hektischer Geschäftigkeit. Angelegte Blumengärten und
Wege, die zu kleinen Häusern führten, Mönche, die wie
lautlos über die Anlage zu schweben schienen. Wir waren
gefangen von dieser Realität in der Realität, bis wir vom
Privatsekretär abgeholt wurden, um im Vorzimmer zum

Audienzraum Platz zu nehmen. Dort saß ein Mönch mit einem Tibeter, beide hatten einen Stapel Papiere und Prospekte auf dem Schoß, es schien um irgendein Vorhaben zu gehen. In einer Mischung aus tiefer Ruhe und freudiger Erwartung wurden wir, als wir an der Reihe waren, in den Raum geführt, wo Seine Heiligkeit uns stehend empfing und uns anwies, uns zu setzen. Sogleich wandte er sich an mich und wollte wissen, wer die anderen Personen seien und weshalb ich ihn aufgesucht habe. Also erzählte ich von meinem Projekt, dem Klausurzentrum und Kloster im Westen für den Westen, und sagte, ich sei hier, um seinen Segen zu erbitten, bevor ich damit beginnen würde, denn bisher war in diese Richtung ja noch keinerlei aktiver Schritt unternommen worden. Er hörte sich meine Pläne an, gab seinen Ratschlag, die Zeit schien wie stillzustehen. Und als dieses Vorhaben ausführlich abgehandelt war, fragte er, ob ich noch etwas von ihm wolle, worauf ich entgegnete, ich wolle nur seinen Segen haben, bevor ich mit meinen Aktivitäten anfangen würde. Dann sprang er auf, wir folgten ihm, es wurde ein Gruppenfoto gemacht, auf dem er meine Hand festhielt und immer fester drückte. Ein kraftvoll-bestimmter Händedruck, währenddessen er mein Herz genau scannte.

Nachdem das Foto erledigt war, rief er seinem Übersetzer, einem Mönch, der während der Audienz auch im Zimmer gewesen war und immer wieder helfend eingriff, wenn Seiner Heiligkeit ein Wort im Englischen nicht gleich auf der Zunge lag, zu, etwas von nebenan zu holen. Besagter Mönch kehrte mit einer großen Buddhastatue zurück und übergab sie an den Dalai Lama, welcher ein Gebet sprach, sie kurz ansah und sie mir schließlich überreichte. Ich führte und platzierte die Statue auf meinem Scheitel, Seine Heiligkeit hielt sie mit mir gemeinsam, um sie dann vollständig mit den Worten »for your institution« in meine Hände zu entlassen. Nun war ich wirklich »high«, und wir verließen den Raum überglücklich mit dem wertvollen Gut, ich hielt die Statue fest umschlungen und strahlte den Privatsekretär an, der vor dem Raum wartete und meine Freude mit einem Lächeln erwiderte. Ich ließ ihn im Vorübergehen noch wissen, dass ich mit ihm in E-Mail-Kontakt bleiben würde, und bedankte mich für alles. Diese Statue steht heute in meinem privaten Schrein in meinem Zimmer und wartet darauf, in ihr neues Domizil, das Projekt auf dem Lande, zu übersiedeln.

Am gleichen Tag hatten wir eine Privataudienz mit Gyalwang Karmapa in Gyuto, dem ich das Projekt ebenfalls vorstellte und dessen Segen ich erbat und natürlich auch erhielt. Als die Pilgergruppe dann meinen Guru in einer Privataudienz traf und ich meinem Lehrer von den beiden vorangegangenen Audienzen berichtete, war er wirklich erfreut und strahlte mich mit einem »Very good« an. Nun fühlte ich mich startklar, konnte mich aufmachen, meine Aktivitäten tatsächlich zu beginnen.

Wenn Lamas eingeladen werden oder in Zentren geschickt werden, um zu lehren, kann (aber muss natürlich nicht) einiges schiefgehen. Denn das Leben der Laien, das sie von nun an umgibt, ist ein ganz anderes als das, was wir in der Klausur oder auch im Kloster leben. Es braucht sehr viel Selbstdisziplin, nicht im Sinne von starker Reglementierung, sondern im Sinne von Determiniertheit und Entschlossenheit. Wenn wir eine Gemeinschaft und Menschen führen, sind wir für sie vollkommen verantwortlich. Die Schüler vertrauen sich uns mit all ihren Sorgen an – Sorgen des Alltags, Fragen in der Spiritualität, Kindererziehung, Berufswelt etc. Dazu braucht es ein enormes Maß an Mitgefühl, an echtem Interesse am Gegenüber, an wirklicher Verpflichtung gegenüber der Person, die sich uns öffnet, um das Beste für die Person herauszuholen. Natürlich können wir es uns einfach machen: Menschen suchen uns auf, suchen unseren Rat, dafür geben sie eine Zuwendung, erhalten von uns einen Ratschlag, sie ziehen wieder von dannen und machen damit, was sie wollen. Dadurch, wenn so oberflächlich betrieben, entsteht eine Art Geschäftsbeziehung, als würden wir ein x-beliebiges Seminar zu einem x-beliebigen Thema besuchen. Wir bezahlen und erhalten damit das Recht, gewisse Informationen zu erhalten, die wir nach eigenem Gutdünken dann annehmen oder ablehnen. Doch Lamas funktionieren nicht so, wenn sie echt und authentisch sind. Wenn ein Lama sich einem Ratsuchenden gegenübersieht, dann steht das letztendliche Wohl der Person im einzigen Interesse des Gurus. Es zu erreichen bedarf zumeist ganz anderer Mittel als jener, die die Suchenden einfordern wollen. Schon oft fand ich mich in solch unangenehmen Situationen wieder, in denen man mich beinahe dazu nötigte, gemäß den kurzfristigen Wünschen und Zielen des Schülers genau das abzuliefern, was er oder auch sie einforderte. Lamas sind keine Jukeboxen, in die man Geld hineinwirft, um das zu bekommen, was man gewählt hat. Wir sind auch nicht dazu da, zu einem verbesserten Freizeitangebot beizutragen. Wir sind schließlich keine Entertainer. Sucht man Unterhaltung, geht man besser in ein Kino. Im Westen verbreitet sich im Namen von Dharma verstärkt ein Seminarrummel, der es jedem ermöglicht, gegen Bares nach eigenem Gutdünken unterschiedlichste Kurse zu besuchen. Mir wird bei solchem Konsumverhalten ganz übel. Das Thema Geld ist aber tatsächlich ein heikles – denn einerseits braucht man tatsächlich Geld, damit Orte für Praktizierende entstehen (Kredite, regelmäßige Zahlungen etc.) und auch erhalten werden können (Gas, Wasser, Strom, Heizung etc), damit Lamas lehren und deren tägliche Bedürfnisse gestillt werden können, die ohnedies vergleichsweise minimal sind und so grundlegende Komponenten wie Nahrung, Kleidung, Sozialversicherung abdecken können *müssen*. Andererseits darf Dharma nie in ein Geschäft ausarten, einen beliebig austauschbaren Seminarbetrieb, wie ich ihn zu oft in diversen Etablissements im Westen sehr zu meinem Entsetzen entdecke.

In meinem Zentrum und dessen Zweigzentren laufen die Uhren deshalb ein wenig anders. Unsere spezifischen Veranstaltungen werden nicht mehr öffentlich ausgeschrieben, denn ich möchte nicht der Menschen Freizeit erhellen, sondern ihnen einen dauerhaften Zugang zu sich selbst ermöglichen. So braucht es wirkliches Engagement jener, die mich aufsuchen, ehrliche Suche und Bereitschaft, nicht kurzfristiges, oberflächliches Interesse. Denn Lamas sind dazu da, uns aus der Verwirrung unserer eigenen Projektionen zu erretten. Der Schüler muss dazu aber bereit sein, bereit, an sich zu arbeiten, bereit für Veränderungen, sonst sucht er nur nach einer neuen Verpackung, um dem Alten einen neuen Schein und Anstrich zu verpassen. Lamas sind nicht dazu da, den Altlasten des Aspiranten zuckersüße, rosa Schleifen zu verpassen und so dessen Welt eine neue, unechte Identität vorzugaukeln. Sie sind dazu da, unsere Herzensessenz zum Funktionieren zu bringen, zu diesem Herzen vorzudringen, es dem Schüler zuerst zu zeigen und ihn dann darin zu trainieren, in dieser Essenz zu verweilen, zu ihr zu *werden*. Das bedeutet aber, diese Altlasten zu transformieren, nicht, sie zu verstecken oder zu übertünchen. Und der Weg dorthin, die Mittel und Methoden tatsächlich ehrlich anzuwenden, sind naturgemäß eher die bitteren Pillen. Wer schluckt schon gern bittere Medizin? Es braucht Offenheit von beiden Seiten, Vernunft und die Bereitschaft, an sich zu arbeiten, sich verändern zu wollen. Somit ist auch der Buddhismus kein System, das wir durchlaufen, genauso wenig wie ein Club, dem wir einmal beitreten und dann einfach so weitermachen wie bisher, er soll unsere Grundeinstellung werden, unser Weg und unser Ziel. Dazu braucht es besagte ehrliche Bereitschaft, an sich zu arbeiten, sich dem Guru gegenüber zu öffnen und dessen Rat tatsächlich zu befolgen und nicht nur aus oberflächlichem Interesse sich mal schnell eine interessante neue Meinung einzuholen als Bereicherung der eigenen Voreingenommenheit. An sich zu arbeiten ist selten einfach oder »angenehm«. Dharma ist kein Kuschelkurs, der uns unser Leben angenehmer machen soll. Der Pfad Buddhas ist dazu da, uns aus unserer Voreingenommenheit, aus allen Ängsten und Hoffnungen zum Gewahrsein unseres tatsächlichen Potentials zu führen, zum Inbegriff unserer Möglichkeiten. Ich finde es insofern interessant, als dass viele Menschen mich aufsuchen, mich bitten, ihnen zu helfen, aber dann die Bereitschaft zur Veränderung verweigern. Ich weiß, dass Menschen in unserer schnelllebigen Zeit immer versucht sind, eine schnelle Lösung herbeizuführen. Schnelle Lösungen sind zumeist aber nur Symptombehandlung, sie gehen weder die tatsächliche Wurzel des darunter schlummernden Problems noch des inhärenten Potentials an, sondern zielen auf eine Oberflächenbesänftigung ab. So, wie wir die zerzauste Bettdecke nach einer Nachtruhe voll der Bewegung morgens wieder glattstreichen, wünschen wir uns auch, dass all die Turbulenzen in unserem Geist, in unserem Herzen einfach wieder glattgebügelt werden mögen, und hoffen, dass jemand anderer diesen Job übernimmt. Mit dieser Einstellung suchen wir dann den Lehrer auf. Mag sich eine solche Beruhigung tatsächlich einstellen, geben wir uns damit zufrieden und beschließen ab jetzt, bei derartiger Aufgewühltheit eine dritte Person aufzusuchen, damit diese die Arbeit erledigen möge. Und schon sind wir in der nächsten Abhängigkeit gefangen.

Der Guru aber ist dazu da, uns die Mittel zu geben, *uns selbst* aus dem Wirbelsturm unserer Gefühle und Projektionen zu erretten oder zur Ablagerungsstätte des verstrahlten Abfalls unserer diversen Befindlichkeiten zu werden. Es ist somit auch nicht seine Aufgabe, uns die Arbeit abzunehmen, sondern das aufrichtige Angebot, uns jene Heilmittel zur Verfügung zu stellen, um selbst zu gesunden. Damit wir diese vollständige Genesung erreichen können, liegt es an uns, an unserer Entschlossenheit, Bereitschaft und auch unserem Einsatz, das Ziel tatsächlich erreichen zu *wollen*.

Ich wiederhole das immer und immer und immer wieder, in meinen Belehrungen, in persönlichen Gesprächen, und bin mir dennoch bewusst, dass dies nur allzu gern überhört wird, weil wir es ausblenden *möchten*, denn insgeheim hoffen wir immer noch, dass die große Erlösung auf uns herabregnen wird. Ohne Ursache kann es aber kein Resultat geben. Diese einfache Wahrheit kennen wir aus den Naturwissenschaften genauso wie aus unserem ganz normalen Alltag, und trotzdem unterschlagen wir sie, begraben sie, wenn es zur Entwicklung unseres Herzens kommt. Ich kann es nicht oft genug sagen: Ohne Bereitschaft zur Veränderung kann Veränderung sich niemals einstellen. Das ist genauso wie mit einer Abmagerungskur. Wenn wir nicht wirklich abnehmen wollen, wird sich unser Gewicht niemals reduzieren, egal, in welchen Fitnessklubs wir Mitglied werden, welche teuren Nahrungsergänzungsstoffe wir beziehen, welche schlauen Ratgeber wir studieren. In anderen Worten und ganz einfach ausgedrückt: »Ohne Fleiß kein Preis.«

Oft werde ich gefragt, ob denn nun Buddhismus eher eine Religion oder Lebensweisheit sei. Die Frage erinnert mich immer an die Diskussion, ob nun die Henne oder das Ei zuerst dagewesen sei. Und als ob das eine in Konkurrenz zum anderen stünde. Ich habe keine Scheu davor, Spiritualität als Religion zu bezeichnen, da ich den ganzen Anhang an Konnotationen, Deutungen und Fehlinterpretationen ganz einfach vor langer Zeit in meinem Herzen gelöscht habe, so, wie man unnötige Ordner auf dem Computer einfach in den Papierkorb verschiebt. Was ich sagen kann, ist, dass es von unserem Einsatz und unserem Verständnis abhängt, was wir aus dem tiefgründigen Pfad Buddhas machen. Denn strenggenommen kann ich weder das eine noch das andere ausschließen. Im Grunde genommen sind beide Annahmen einfach Konzepte, die etwas Umfassendes in uns bekannte Schubladen zwängen wollen. Die Grundbotschaft, man könnte es den Leitsatz des Buddhismus nennen, ist so einfach, dass wir es kaum glauben mögen: »Begehe keine unheilsamen Handlungen, kultiviere Tugend im Übermaß und zähme deinen Geist vollständig. Das ist die Lehre Buddhas.« Da eröffnet sich gleich eine weitere Frage, die man mir immer wieder stellt: Brauchen wir Religion überhaupt, und ist ein Religionspluralismus sinnvoll? Meine persönliche Meinung ist: Ja, wir brauchen Religion, genauso, wie wir die verschiedenen Arten von Religion für die verschiedenen Bedürfnisse der verschiedenen Menschen brauchen. Aus dem einfachen Grund, weil Religionen nicht von gewöhnlichen Menschen wie dir und mir »geschaffen« wurden, sie sind die

Manifestation der Weisheit großer Heiliger. Buddha ist nicht nur eine Person, der wir folgen, weil seine Belehrungen eigentlich »ganz intelligent« sind, wir folgen den Lehren, weil wir den gleichen Zustand unseres Herzens erreichen wollen wie die historische Person Prinz Siddharta: Erleuchtung, den Zustand eines Buddhas. Das Wort Religion kommt von *religare*, aus dem Lateinischen, »sich zurückverbinden«. Genau das lehrt der Buddhismus: sich wieder mit sich selbst zu verbinden, mit seiner Herzessenz in Kontakt zu treten, um sie vollständig zu reaktivieren, zu ihr zu werden und so den richtigen Zugang zu allem Übrigen zu finden. Religionen sind ein Schlüssel zur Befriedigung unseres Bedürfnisses nach Frieden. Ein harmonisches Mit- und Nebeneinander der verschiedenen Gemeinschaften kann in großem Rahmen dazu beitragen. Wenn Vertreter der verschiedenen Religionen sich in der Erzeugung von Frieden für die Welt solidarisch zeigen, wird ein friedliches Miteinander exemplifiziert, das kulturelle, spirituelle u. a. Unterschiede nicht als Hindernis, sondern Bereicherung vorlebt. Eine harmonische, multikulturelle, pluralistische Gesellschaft entsteht durch die Kenntnis der Gebräuche und Glaubensrichtungen aller Beteiligten und durch das gemeinsame Bestreben, einen Beitrag zum aktiven Weltfrieden zu leisten.

Ich habe generell nichts gegen religiöse Institutionen. Ich denke, dass es viele Menschen gibt, die sich auf ihrem spirituellen Weg an deren Strukturen festhalten und sich an ihnen orientieren möchten. Im Buddhismus spielen Institutionen traditionell keine große Rolle, und ich persönlich wäre am liebsten vollkommen institutionslos, aber das ist meine ganz individuelle Meinung, die meinem Naturell entspricht, und keine Aussage unserer Religion.

Mein Alltag in Wien war vielschichtig: Ich lehrte, übersetzte Texte, traf Schüler, die Rat suchten, war aktiv im interreligiösen Austausch involviert und begann, mich langsam wieder als Teil dieser seit meiner Kindheit gewohnten Umgebung zu empfinden, die Sitten und Gebräuche meiner Jugend wiederzuentdecken und mich so in die neue und doch alte Umwelt einzufügen und mich neu in ihr zu definieren. Und wir waren aktiv in die Suche nach einem neuen Domizil involviert, durchstöberten Immobilienangebote, studierten Internetforen, Inserate jeglicher Art – und wurden fündig. Zwar anders, als gedacht, aber dennoch fündig. Ich hatte immer noch gehofft, gleich aufs Land ziehen zu können, aber als uns ein Haus in Purkersdorf gleich vor den Toren Wiens in die Hände zu fallen schien, konnten wir nicht anders, als zu versuchen, es zu bekommen. Nachdem ich es mir selbst angeschaut hatte, sein Potential für unser Vorhaben untersuchte, es energetisch, baulich (ich bin natürlich kein Bausachverständiger, dazu bemühten wir Profis), strukturell unter die Lupe genommen hatte, war ich davon überzeugt, die richtige Immobilie für ein Stadt-Zentrum gefunden zu haben. Einen Ort, der leicht mit öffentlichen und auch individuellen Verkehrsmitteln zu erreichen war und aus dem man ein wirkliches Schmuckkästchen machen konnte. Bei unserer Besichtigung erfuhren wir von der Maklerin, dass das Haus seit fast zehn Jahren leer gestanden hatte, was uns im Zuge der Umbauten noch einige Überraschungen bescheren sollte. Der Garten war komplett verwildert, und auch sonst war alles ein wenig wild, aber ich sah sein Potential, ich sah den Schreinraum bereits vor mir in den drei hintereinanderliegenden Räumen im Erdgeschoss, sah den Eingangsbereich, das Gästezimmer, die Küche, die ich in den vorhandenen Wintergarten legen würde, sah vor meinem geistigen Auge all die verrückten, neu errichteten und versetzten Wände, die Dachanbauten. Es schien perfekt. So kontaktierte ich meinen Guru, nahm Fotos und Beschreibungen der von mir geplanten Umbaumaßnahmen und flog nach Indien, um seinen Segen zu erhalten. Er hatte mich schon zuvor oft ermutigt, bald einen Ort zu etablieren, an dem ich meine Aktivitäten entfalten konnte. Rinpoche, selbst ein begnadeter Geomant und Architekt, mochte das Objekt, segnete meine Pläne (ab) und gab mir einen dicken Segen mit, das Haus zu erwerben. Zurück in Wien, ging dann alles verhältnismäßig schnell. Und obwohl das Haus, ein Gründerzeithaus von 1867 in Schönbrunner Gelb, wirklich günstig war, war doch eine Riesensumme Geldes vonnöten, um den Kauf zu realisieren. So setzte sich der engste Kern der Gemeinschaft zusammen, wir verglichen die verschiedenen Kreditangebote, und nach langem Hin und Her erhielten wir die Summe, indem die Mitglieder einen guten Anteil ihrer Monatsgehälter für die nächsten fünfundzwanzig Jahre für die Abzahlung abstellten. Damit war es aber noch längst nicht getan. Wir hatten vor, den Umbau in Eigenregie vorzunehmen und nur dort, wo Profis wirklich nötig waren, solche anzuheuern. Im härtesten Winter seit Jahren legten wir also los – ohne Heizung, die platzte gleich einmal, und so mussten wir zusätzlich zu allen anderen Maßnahmen im gesamten Haus eine neue Heizungsanlage installieren lassen. Wir stemmten Mauerwerk auf, rissen alte, vermoderte Parkettböden heraus, legten verschimmelte Wände frei, rissen alte Bäder ab, den ganzen Dachstuhl und begannen dann gemäß meiner Planung alles wieder aufzubauen. Alle Türen und Türstöcke wurden abgezogen und neu lackiert, Teile der alten Küche wieder verwendet und neu zusammengebaut, alte handbemalte Fliesen, die ich erhalten wollte, wurden abgeflext und mit Sonderposten und Abverkaufsresten aus dem Baumarkt gemischt, um der Küche mit anderen Resten, die wir vom Vorbesitzer im Keller gefunden hatten, zu dem geplanten, individuellen Fliesenspiegel zu verhelfen. Ich war ganz in meinem Element, ich konnte schon immer aus nichts viel machen, mit wenigen vorhandenen, gebrauchten oder im Ausverkauf erstandenen Teilen ganz Neues mit kleinsten Mitteln erstehen lassen. Das mache ich wirklich gern, und so sanierten und renovierten wir das gesamte Haus, bauten Möbel selbst oder besorgten Einrichtungsgegenstände wie Betten secondhand, und in nur fünf Monaten Tages- und Nachtschichten war das Haus fix und fertig und zum Einsatz bereit. Von da an nahm ich meine Tagesroutine wieder auf, kehrte zu Übersetzungen zurück, produzierte all die religiösen Gegenstände, die für den Schreinraum benötigt wurden, und wir statteten das Haus so Stück für

Stück mehr aus. So nahm ich den Lehrbetrieb wieder auf, traf Menschen, betreute die, die mich suchten.

Jetzt, da ich hier in Österreich tatsächlich gelandet bin und dieses Buch schreibe und mir all die wunderbaren Erlebnisse und Stationen meines Lebens mit all der Pein und Tiefe, die dazu geführt hatten, ins Gedächtnis rufen darf, bin ich überaus dankbar, vor allem meinem Guru gegenüber, der mich in unendlicher Liebe und Geduld gelehrt hatte, den individuellen Weg zu meinem Herzen zu beschreiten. So bemühe ich mich seither, jenen, die mich offenen und ehrlichen Herzens treffen, auf ihrem persönlichen Weg zu helfen. Jenes Paradies, das sich in uns vor uns selbst verschließt, aber imstande ist, sich uns unter Anleitung zu erschließen, anzunehmen, es zu erkennen, zu erkunden, Teil desselben zu werden, um letztendlich Inbegriff unserer selbst für alle anderen zu werden. Dann sind wir tatsächlich im Garten unseres eigenen Herzens angekommen und wirklich und wahrhaftig zu Hause.

# Widmung

Ich möchte dieses Buch der Vervollkommung aller Wesen widmen: Möge es uns durch den Segen der Linie lebendiger Weisheit erhellen und den Geist des Altruismus, des Mitgefühls und der Hingabe in unser aller Herzen erwecken. Auch bete ich dafür, dass die unvoreingenommene Liebe all der Erleuchteten durch meine unvollständige Präsentation hindurchscheinen und das Feuer unveränderlicher Weisheit in uns allen zum Lodern bringen möge. Im Speziellen aber möchte ich den Verdienst durch dieses Buch meinem Guru, dem erhabenen Buddha in Person, widmen; möge sein Leben lange währen und uns alle aus der Verwirrung in die Schönheit unserer Seele erretten.

# Glossar

*Bodhicitta:* (Sanskrit) erwachtes Herz. Wir praktizieren, um unser Herz zu erwecken und es zu voller Blüte zu erwecken, dazu entwickeln wir stufenweise Bodhicitta. Hierfür legen wir das Bodhisattva-Gelübde ab.

*Bodhisattva:* (Sanskrit) Ein Bodhisattva in Ausbildung, da streng genommen jemand erst ein Bodhisattva ist, wenn er einen sehr ausgeprägten Grad spiritueller Verwirklichung erreicht hat. Sehr stark vereinfacht ist ein Bodhisattva jemand, der nicht nur normales Mitgefühl praktiziert, sondern das spezifische (Bodhisattva-)Gelübde ablegt, selbst so schnell wie möglich sein Herz zu vollständiger Blüte zu erwecken, mit dem alleinigen Ziel und Zweck, alle Wesen so schnell wie möglich zu dieser Blüte des Herzens zu führen.

*Bodhisattva-Ethik:* Ethik, die sich um das Wohl der anderen dreht, anstatt der eigenen Ethik auf Grundlage des Bodhisattva-Versprechens, alle Wesen zum letztendlichen Ziel der Erleuchtung, also vollkommen erwachten Herzens zu führen.

*Buddha Shakyamuni:* Siddharta Gautama, Gautama Buddha. Shakyamuni bezieht sich auf Buddhas Herkunft, ›der Weise aus dem Geschlecht der Shakya‹, wobei Buddha ›erwachtes Herz‹ bedeutet.

*Dhamarus:* kleine Handtrommel, die bei Ritualen des Vajrayana gespielt wird.

*Dharma:* die Übertragung der Methoden und Weisheit Buddha Shakyamuni.

*Gau:* Amulett, in dem heilige Mantras und andere gesegnete Substanzen aufbewahrt werden, wird am Körper getragen.

*Hinayana/Theravada-Buddhismus:* Schwerpunkt liegt auf der persönlichen Ethik und Praxis.

*Inkarnationen:* Leben ist ein Kreislauf, der niemals aufhört. Wenn wir sterben, nimmt unsere Herzessenz eine neue Form oder Inkarnation an.

*Jokhang:* Tempel in Lhasa, Tibets Hauptstadt, der ca. 642 von König Songtsen Gampo erbaut wurde, um die Mitgift seiner chinesischen Frau – eine Buddhastatue, die Buddha Shakyamuni im Alter von 12 Jahren abbildet und von ihm persönlich gesegnet wurde – unterzubringen.

*Katak:* weißer Schal, wird als Zeichen der Hingabe und Symbol, das eigene reine Herz darzubringen, überreicht.

*Khenpo:* Gelehrter des Buddhismus, Titel, der nach 9 Jahren des Studiums an der buddhistischen Universität (Shedra) erst dann verliehen wird, wenn nicht nur die intellektuellen Leistungen, sondern auch die inneren Qualitäten und die moralische Einstellung im Einklang mit den Studien stehen.

*Kora:* rituelle Umwanderung heiliger Orte im Uhrzeigersinn, während derer Gebete und Mantras rezitiert werden.

*Lama:* (tibetisch) die überdimensionale Mutter, die sich um uns mit allen Aspekten kümmert, bis wir zur Vollendung unseres Herzens erwachen, Übersetzung des Sanskrit: Guru, was reich an spirituellen Qualitäten bedeutet.

*Langlebenseinweihung:* Während der Einweihung macht der Vajra-Meister den Schüler mit einem spezifischen Aspekt seiner eigenen Herzessenz vertraut, damit der Schüler diesen Aspekt dann praktizieren kann. Einweihungen sind notwendig, um im Vajrayana praktizieren zu können, dazu benötigt man sowohl die Zufluchts- als auch die Bodhisattva-Gelübde und einen Vajrayana-Lehrer, der den Schüler dann gemäß der Eigenschaften des Schülers führt.

*Linie:* ungebrochene Übertragung der Unterweisungen von Buddha Shakyamuni von Generation zu Generation durch mündliche Übertragung, Einweihung und Erklärung sowie deren spiritueller Verwirklichung.

*Linienhalter:* jemand, der den gesamten Reichtum einer spezifischen Linie in Übertragung und spiritueller Verwirklichung verkörpert.

*Mahakala:* Beschützer im Vajrayana.

*Mahakala Puja:* Puja: Liturgie im Vajrayana, während der Visualisation, Ritual, Meditation gemeinsam praktiziert werden.

*Mahayana-Buddhismus:* (Sankskrit) großer Weg. Im Gegensatz zum Hinayana (kleiner Weg), umfasst dieser Weg die besondere Hinwendung zu allen Lebewesen, verbunden mit dem speziellen Bodhisattva-Geblübde. Der Schwerpunkt des Mahayana-Buddhismus liegt also auf Ethik und Praxis zum Nutzen aller fühlenden Wesen auf Basis persönlicher Ethik.

*Retreat:* meditative Zurückziehung, um erhaltene Instruktionen zu vertiefen.

*Rinpoche:* (tibetisch) Bedeutet wertvoll, kostbar. Reinkarnierte Lamas werden von den Gläubigen als Rinpoche bezeichnet und angesprochen, aber es gibt auch nichtreinkarnierte Lamas, die aufgrund ihrer Aktivitäten zum Wohle aller Wesen als Rinpoche angesprochen werden.

*Vajra:* Ritualgegenstand, wird gemeinsam mit der Glocke in Ritualen des Vajrayana eingesetzt.

*Vajrayana-Buddhismus:* Spezifische Meditationen, auf Basis der Ethik zum Nutzen aller fühlenden Wesen und der eigenen, ist somit die Praxis von allen drei Wegen des Buddhismus gemeinsam, also Hinyana, Mahayana, Vajrayana. Alle drei Pfade des Buddhismus sind mit speziellen Gelübden verbunden, wobei der Mahayana-Weg die Gelübde des Hinayana und Mahayana umfasst und Vajrayana die Gelübde aller drei Wege.

*Wurzellehrer:* Jener Lehrer des Vajrayana, der den Schüler individuell führt, damit dieser Erleuchtung erlangen kann. Zum Wurzellehrer hat der Schüler eine besondere Verbindung, für den Schüler ist er der Buddha in Person, da er die Methoden Buddha Shakyamunis, die der Lehrer durch die Linie, die sich bis zu Buddha Shakyamuni zurückführen lässt, erhalten hat und an den Schüler in individueller Betreuung weitergibt.

*Zufluchtslehrer:* jener Lehrer, der uns die Gelübde der Zuflucht gibt, die uns im spirituellen Sinn zu Buddhisten macht.